Take Your Life to the Next Level

Duane Vander Klok

하나님과 사람에게
더욱 사랑스러운 자

Unleashing the Force of Favor

PURE NARD

UNLEASHING THE FORCE OF FAVOR

Copyright © 2006 by Duane Vander Klok

Published by Chosen Books
a divnsion of Baker Publishing Group
P.O.Box 6287, Grand Rapids, MI 49516-6287
www. Chosen Books. com

Korean translation Copyright © 2007 by Pure Nard
9-41, Yangjae-Dong, Seocho-Gu, Seoul, Korea

The Korean edition is published by Arrangement with
Chosen Books
All rights reserved.

본 제작물의 한국어판 저작권은 Chosen Books 와의 독점 계약으로 한국어 판권은 '순전한 나드' 가 소유합니다. 저작권자의 허락 없이 이 책의 일부 또는 전체를 무단 복제, 전재, 발췌하면 저작권법에 의해 처벌을 받습니다.

하나님과 사람에게
더욱 사랑스러운 자

Unleashing the Force of Favor

하나님의 은총의 권능이 풀어지게 하라!

듀안 벤더 클럭
Duane Vander Klok

PURE NARD

헌정의 글

나의 삶에 있어서, 30년간 친구이며 동역자였던 바비 목사님과 로즈 사모님께 이 책을 헌정하는 바이다. 덧붙여 내가 한걸음조차 앞으로 걸어갈 수 없을 때, 제니와 결혼 할 수 있도록 내게 용기를 북돋아 주고, 성경학교에서 사역까지의 여정에 있어서 나를 지원해주며 도와주었던 것에도 감사를 드린다.

바비 목사님은, 내가 13년간 하나님의 은총 안에서 성장하며 균형을 가지고 건강하게 사역에 헌신 할 수 있도록 나를 지원해 주셨던 내 인생에 있어 최고의 목사님이다. 바비 목사님과 로즈 사모님은 신실하게 살아가는 위대한 신앙인의 길을 우리 부부에게 몸소 보여주셨으며, 우리는 바비 목사님과 사모님을 통해 보여주셨던 하나님의 은총에 진심으로 감사를 드린다.

감사의 글

우리의 사역을, 즐거울 뿐만 아니라 또한 열매를 거둘수 있도록 해주었던 모든 신실한 스탭과 자원자들에게 깊은 마음으로 감사의 뜻을 전한다.

또한 이 책이 나오도록 준비하는데 심혈을 기울여준 Trish Konieczny 컨설턴트에게 진심으로 감사드린다.

Take Your Life to the Next Level

Duane Vander Klok

CONTENTS

1장 은총으로 나아오다 ··· 009

2장 은총에 대한 기대감을 높이라 ···················· 020

3장 은총이 당신을 위한 것임을 믿어라 ·········· 037

4장 믿음이 당신의 입술을 주장하게 하라 ······ 056

5장 은총은 공식이 아니다 ································· 078

6장 은총의 경로를 벗어나지 말라 - 나오미의 인생 여정 ········ 106

7장 은총의 여정을 따르라 - 룻의 인생여정 ··············· 116

8장 더욱 사랑 받는 리더가 되라 ······················ 138

9장 은총에 관한 공정한 경고를 들으라 ·········· 159

10장 은총의 목마름을 채우라 ····························· 179

부록 구원의 경험과 하나님의 은총 ··················· 187

제 1 장
은총으로 나아오다

성경은 흥미롭게도 예수님의 전 생애 기간인 33년 가운데 초기 30년에 대해 거의 침묵하고 있다. 신약성경은 예수님의 유년 시절을 단지 두 구절로 담아낸다.

만일 당신의 30년 가량의 삶을 단지 두 구절로 요약한다면 어떻게 기록되기를 원하는가?

하나님은 성경에서 단지 두 구절로 예수님의 유년 시절을 묘사하면서 '은총'의 중요성을 강조하셨다.

> 예수께서 한가지로 내려가사
> 나사렛에 이르러 순종하여 받드시더라
> 그 모친은 이 모든 말을 마음에 두니라.
> 예수는 그 지혜와 그 키가 자라가며
> 하나님과 사람에게 더 사랑스러워 가시더라.
> 누가복음 2:51-52

위의 두 구절에서 보듯이 예수님은 유년 시절에 '사랑을 받으며 은총

속에서 성장' 하셨다. 우리가 예수님을 따르기로 한 이상 그분의 삶처럼 우리 또한 '하나님의 은총 안에서 더욱 사랑 받는 자' 가 되어야 한다. 만일 우리가 값없이 주어진 하나님의 '은총' 을 바르게 이해하고 '더욱 사랑 받는 자' 로 살아가는 삶의 유익함을 올바로 깨닫는다면, 우리의 삶은 극적으로 변화하게 될 것이다.

예수님은 '은총의 권능' 이 어떻게 풀어지는지를 알고 계셨다. 그분의 일생은 하나님의 은총이 풍성하게 풀어지도록 하였던 가장 강력한 삶의 예표이다.

성경에 있는 많은 인물들을 살펴보면 그들도 동일하게 은총의 강력한 권능 안에서 살아갔다.

노아는 하나님의 은총 속에서 그 자신과 가족들을 구원했다.

모세는 하나님의 은총을 받고 이스라엘 백성들을 이끌어 하나님의 임재를 경험하게 된다.

요셉은 특별히 하나님과 사람 모두에게 총애를 받았다. 바로왕의 총애를 받은 날 수가 그의 고생한 수고의 날들보다 길다고 했다.

룻은 '하나님의 은총' 이라는 이름을 지닌 시어머니 나오미와 함께 순례의 길에 오른다. 마침내 룻은 위대한 다윗 왕의 조모가 된다.

느헤미야는 페르시아왕의 신임을 받아 예루살렘 성벽을 건축하게 된다.

다윗 왕은 '하나님의 마음에 합한 자' 라는 최고의 은총을 받게 되었고, 결국 그의 계보에서 메시야가 탄생한다.

이러한 위대한 성경의 인물들에게 그토록 중요했고, 우리 자신의 삶 속에서 반드시 경험해야 할 '은총' 은 과연 무엇인가? '은총' 의 또 다른 문자적 의미는 '각별한 사랑', '총애' 혹은 '우호적인 성품'이다. 덧붙여 친절한 행동, 협조, 유익함의 공급, 또는 특혜적인 대우를 받는 것 등을 의미한다. 우리 모두가 우리를 향한 친절함, 도움, 특권, 특혜적 대우가 주어지기를 기대한다.

    이것은 바로 하나님이 우리를 향한 은총의 마음이다. 창조주인 하나님은 우리가 하나님과 이러한 관계성 속에서 즐거움을 누리기를 갈망하신다. 하나님은 우리를 사랑하신다.

> 자기 아들을 아끼지 아니하시고 우리 모든
> 사람을 위하여 내어 주신 이가
> 어찌 그 아들과 함께 모든 것을 우리에게
> 은사로 주지 아니하시겠느뇨
>
> 로마서 8:32

    하나님은 우리를 축복하시며, 우리를 도우사 우리 삶에 특별한 유익함이 부어지길 원하신다. 우리가 하나님의 은총을 즐거워하며 충만하게 누리게 될 때, 그분은 우리의 은총을 증가시켜서 사람들에게도 우리가 은총을 받게(또는 입게)하신다.

> 사람의 행위가 여호와를 기쁘시게 하면
> 그 사람의 원수라도 그로 더불어 화목하게 하시느니라
>
> 잠언 16:7

은총은 우리의 삶에 엄청난 변화를 일으킨다. 만일 우리가 하나님의 각별한 사랑을 받는 수준인 그 은총의 단계에 거하게 되면, 하나님의 측량할 수 없는 축복이 홍수같이 밀려들어오는 것을 경험하게 될 것이다. 하나님은 우리를 보호하시고 닫힌 문들을 열어 주신다. 또한 물질적 축복을 부어주시고 건강과 치유 그리고 우리가 다른 사람들을 축복할 수 있도록 새로운 방식들을 제공해 주신다. 더 나아가서 사람들이 우리에게 관심을 갖고 호의를 베풀도록 만들어 주신다. 따라서 사람들은 우리들에게 특별한 관심과 대우를 베풀고 싶어하는 마음이 생기게 되고 우리를 승진시키며, 성공에 이르도록 도와준다.

우리가 하나님의 '은총'을 우리 삶에 온전히 누릴 수만 있다면 모든 삶의 영역에서 변화를 체험하게 될 것이다. 예수께서 하나님과 사람 모두에게 '은총 속에서 사랑을 입은 자'가 되셨듯이 우리 또한 그렇게 될 수 있다. 그러나 자동적으로 '은총'을 받는 것이 아님을 먼저 깨달아야 한다. 우리는 그 은총의 충만한 권능이 풀어지는 것을 보기 위해서 행동을 취해야 할 필요가 있다. 주님을 믿는 사람이라면 누구나 은총 속에서 성장하는 법을 배워야 하고, 그것을 이루기 위해서는 은총이 어떻게 작용하는지를 알아야 한다.

1. 어떻게 은총의 권능이 일하는가?

하나님의 은총의 위력은 마치 전기가 작동하는 것과 같다. 집 주위를 둘러싸고 있는 전류가 집 전체에 흐르지만, 스위치를 켜야 전원에 에너지가 공급된다. 이처럼 하나님의 은총도 항상 우리를 감싸고 계신다.

> 여호와여 주는 의인에게 복을 주시고
> 방패로 함같이 은총으로 저를 호위하시리이다
>
> 시편 5:12

하나님의 은총이 우리를 감싸고 있음에도 불구하고 우리들 대부분은 하나님의 은총 안에서 그분과 동행하며 살아가지 못한다. 그 이유는 우리가 하나님의 각별한 사랑을 받기 위해 '은총의 스위치'를 작동시키는 일에 게으르기 때문이다. 성경이 우리에게 가르쳐 주는 하나님의 '은총'에 관한 것을 우리 삶에 적극적으로 적용하려고 한다면, 우리는 기꺼이 '은총의 스위치'를 작동시켜야 한다. 그때에 비로소 하나님의 은총의 충만한 권능이 강력하게 우리의 삶을 운행하게 되는 것이다.

지금, 당신은 집에서 불을 켜지 않을 수 있다. 강력한 전류가 여전히 당신을 에워싸고 있을지라도 만일 스위치를 켜지 않는다면 당신은 어떠한 혜택도 공급받지 못할 것이다. 빛은 자동이 아니다. 설사 그 빛이 완벽하게 작동할지라도 당신은 여전히 빛을 공급해주는 스위치를 켜야만 한다. 이와 마찬가지로 하나님의 충만한 은총의 힘 또한 자동적으로 공급되는 것이 아니다.

전구의 밝음의 정도가 각기 다른 것과 마찬가지로 하나님의 은총의 단계 또한 다양하다. 당신은 초자연적인 은총을 입은 그리스도인임에도 불구하고 은총을 충만히 경험하기 위해 스위치를 켜는 일에는 나태하다. 대부분의 그리스도인들은 하나님의 **은총의 시작**, 즉 하나님의 은혜로 구원 받았음을 경험했을 것이다. 구원을 받은 것은 엄청난 하나님의 은총이지만 그것은 **하나님의 은총의 시작일 뿐이다**. 하나님은 우리를 구원하는 것 이상의 **'각별한 사랑의 힘'** 을 보유하고 계신다. 하나님의 은총의 충만한 권능이 당신의 삶에 풀어질 때, 당신은 무엇이 변화되었는지 보게 될 것이다. 그러나 이러한 변화는 우연히 이루어지는 것이 아니다. 은총의 위대한 능력으로부터 유익함을 얻을 수 있는 위치로 당신을 이동시키려는 선택이 필요하다. 당신은 은총에 관해 말씀하신 그분의 음성을 발견함으로, 은총의 흐름과 함께 당신을 재조정할 수 있다.

우리는 하나님이 은총에 대하여 말씀하시는 구체적인 단계를 따라 우리 자신의 믿음을 실행해 볼 수 있다.

첫째, 단순하게 하나님의 은총을 **기대하라**. 하나님은 그분의 자녀들을 사랑하신다.

둘째, 하나님이 당신의 삶을 축복해 주시기 원하신다는 것을 **믿어라**.

셋째, 하나님이 은총을 부어주심을 믿음으로 **고백하라**.

다음 장에서 이러한 단계들을 구체적으로 살펴보게 될 것이다.

2. 은총은 구하는 자에게 깊없이 주어진다

지금까지 수년 동안 나는 집을 나서기 전에 맨 처음 하나님의 은총을 구하는 기도를 드리고 있다. 기도는 우리가 더 큰 수준의 은총을 원할 때 제일 먼저 해야 할 일이다. 나는 매일의 삶 속에서 하나님의 풍성한 은총을 갈망하는 기도를 올린다. 하나님은 우리에게 베푸실 풍성한 은총을 보유하고 계시며, 내게 있어 아침시간은 나를 향한 하나님의 은총을 요청하는데 정말 좋은 시간이다.

룻기 2장 16절에 따르면 룻은 보아스에게 총애를 받는다. 보아스는 그의 일군들에게 룻이 이삭을 줍도록 한줌의 곡물을 의도적으로 조금씩 남겨 놓으라고 명한다. 나는 가족을 위해 목적이 있는 한 움큼의 기도를 드린다. 시편 5장 12절의 말씀처럼 나는 하나님이 방패와 같이 은총으로 호위해 주심에 감사한다. 또한 시편 8장 5절에서 우리 각자에게 영광과 은총의 관을 씌어주심에 감사한다. 나는 가족들 각각의 이름을 부르면서 시편의 말씀을 따라 기도한다.

"하나님, 제니를 방패로 함같이 은총으로 호위 하여 주시옵소서. 주님, 스테파니에게 영화와 은총의 관을 씌우소서..."

바쁜 어느 날 오후, 나는 가게의 계산대에서 줄을 서서 기다리고 있었다. 내 차례를 기다리는 것이 길어지자 점점 초조해지기 시작했다. 얼마나 내 차례를 기다려야 하는지 걱정하고 있는데 한 점원이 와서 말하기를 옆의 계산대를 새로 열었으니 옆줄로 옮기라는 것이었다. 맨 앞줄에 서는 순간 나는 하나님의 은총을 맛보았다.

은총이란 값없이 우리에게 주어지는 것이다. 예수께서 안식일에 고향인 나사렛에 이르러 회당에서 성경을 크게 읽었다.

> 선지자 이사야의 글을 드리거늘 책을 펴서
> 이렇게 기록한 데를 찾으시니
> 곧 주의 성령이 내게 임하셨으니

Unleashing the Force of Favor

이는(하나님이 나를 메시야로 지명하셔서)

가난한 자에게 복음을 전하게 하시려고

내게 기름을 부으시고 나를 보내사 포로된 자에게 자유를,

눈먼 자에게 다시 보게 함을 전파하며

눌린 자(짓밟히고 상처 나고 참화로 붕괴된 사람들)를

자유케 하고 주의 은총의 해(구원과 하나님의 값없이 주신

풍성한 은총)를 전파하게 하려 하심이라 하였더라

누가복음 4:17-19 – Amplified(확대역)영어성경

예수님 사역의 주된 목적 가운데 하나는 값없이 베푸시는 하나님의 은총의 풍성함을 전파하는 일이었다. 만일 당신이 오늘 하나님의 구원을 경험 한다면 하나님의 한없는 은총은 지금 이 순간 당신의 것이다. 그러나 만일 구원을 경험하지 못했다면 지금 경험할 수 있다. 혹여 당신이 구원을 경험하지 못한 채 죽음을 맞이한다면, 당신이 확신할 수 있는 방법을 이 책의 부록에서 찾을 수 있을 것이다.

당신이 하나님의 은총을 간구했을 때 계산대의 긴 줄에서 벗어나는 혜택은 지진이 일어나는 것과 같이 기막힌 기적은 아니다. 그러나 하루 동안 그러한 사소한 기적들을 체험하는 일들을 통하여 초자연적으로 하나님과 동행하고 있음을 알게 된다.

한 형제가 이런 고백을 한 적이 있다.

"나는 교회를 거의 나가지 않았습니다. 어제 내가 조카의 집에 가려고 집을 나서기 전에 나무를 베었었지요. 아내는 늘 하나님의

은총이 방패막이처럼 나를 지켜달라고 기도했어요. 그날 나는 작은 트럭 뒤에 나의 모든 연장도구들을 넣은 이동 견인차를 달고 차를 몰았습니다. 그날 아침은 안개가 짙었는데 도중에 길을 잃고 말았습니다. 나는 차를 보도 쪽에라도 세워보기 위해 브레이크를 밟았습니다. 하지만 길은 빙판이었고 내 차 뒤에 무겁게 달려 있던 견인차가 나를 기차가 오는 쪽으로 밀어 내었습니다. 나는 60마일 속도로 기차와 충돌하게 되었지요."

그는 믿기지 않는 듯 그의 머리를 흔들며 말을 이었다.

"견인차와 함께 뒤집혀진 내 차를 끌어내어 보니 내 용달차, 견인 차 심지어 모든 연장까지 박살이 나 있었습니다."

그는 그 어려웠던 순간을 설명하려고 애썼다.

한 경찰이 그 현장을 지나가다가 연속적인 충돌 소리를 듣고 달려 왔습니다. 경찰은 내가 찌그러진 트럭 속에서 나오는 것을 보고 놀라워하며 물었습니다. '당신이 어떻게 걸어 나올 수 있었나요?' 경찰은 내가 살아 있다는 것을 믿기 어려워했습니다. 여기저기 트럭의 부서진 조각들이 나뒹굴고 있었고 나는 한치의 상처도 없이 걸어 나온 것입니다. 며칠 후 경찰은 트럭의 부서진 조각들을 25마일이나 되는 곳에서 까지 발견했다고 합니다. 나는 그 상황에서 부서진 트럭의 조각처럼 되었을지도 모릅니다. 그러나 하나님은 나를 지켜보고 계셨습니다. 하나님의 은총을 간구한 아내의 기도로 인해 지금의 내가 있음을 잘 알고 있습니다."

그 형제는 하나님의 은총 아래 그의 삶을 소유하는 것이 무엇인지를 처음으로 경험한 것이다. 그는 하나님의 은총 없는 삶의 위기를 다시는 원하지 않았으며 오히려 더 많은 은총을 원했다. 틀림없이 하나님의 보호하심과 은총 없이는 그는 구원의 경험을 하지 못했을 것이며, 그 자신을 위해 하나님의 거저 주시는 은총을 경험하지 못했을 것이다. 그는 자신의 아내가 기도해준 것에 대해 고마워했다. 결국 그 날에야 비로소 그 형제는 하나님의 자녀에게 공급하시는 은총과 함께 하나님과 인격적인 만남의 필요성을 절실히 깨닫게 되었다.

3. 은총의 스위치를 켜라

우리는 어떻게 예수님처럼 사랑받는 자가 될 수 있으며 은총의 충만함을 누릴 수 있을까? 다음 장에서 우리는 이러한 질문에 대한 대답들과 '은총의 스위치'를 켤 수 있는 방법들을 구체적으로 살펴보게 될 것이다. 그리고 우리의 기대와 확신이 어떻게 각기 다른 수준의 은총에 영향을 미치는지를 살펴보게 될 것이다. 또한 우리의 고백과 입술의 말들 중 어떤 것이 은총의 권능의 흐름을 풀어내며, 또한 방해하는지를 알게 될 것이다.

이를 위해서 성경과 주석들을 참고로 하여 실제적인 예들을 살펴보고자 한다. 성경에 나오는 인물들을 중심으로 그들이 어떻게 하나님과 협력했으며, 어떻게 하나님의 은총을 온전히 누렸는지 그 자취를 따라가 보겠다. 성경의 인물들이 은총의 충만한 수준까지 도달하여 그것을 즐기며 누리고 살았던 방식들을 보게 될 것이다.

한편, 가끔 '은총의 강물'을 언급하는 이야기 속에 내포된 위험을 유의해야 한다. 예를 들면, 우리 자신의 성취감의 결과로 우리가 은총을 누린다고 생각하는 그 순간에 자만심 혹은 거짓된 것들이 스며들게 된다. 만일 우리의 성취가 자신의 뛰어난 재능으로 인한 결과물이라고 여기고 하나님의 자비와 은총의 결과인 것을 잊게 될 때, 우리는 은총 안에서 성장하기보다는 퇴보하게 된다. 우리는 우리의 모든 삶 속에서 발생할 수 있는 그러한 함정에서 벗어나는 방법을 검토해 보고 은총과 아울러 수반될 수 있는 위험한 변수들을 찾아내야 한다.

하나님의 은총은 이 세상에 모든 변화를 만들어낸다. 하나님의 은총은 일상에서 우리의 삶을 평탄하게 만들어 주며 사소한 일조차 돌봐 주신다. 또한 우리 삶에서 일어나는 대부분의 환경에서 극적인 변화를 만드시며, 가장 어려운 환경이 우리의 유익과 그분의 영광으로 변화되도록 만드신다.

하나님의 **각별한 사랑(Favor)**을 체험하는 일은 '구원', 즉 우리가 하나님의 용서, 자비, 구원의 은혜를 받았을 때 시작된다. 바로 그 순간이 하나님의 모든 은총을 경험하는 출발점이 된다. 그러나 하나님의 은총은 거기서 멈추지 않는다. 이 책을 통한 나의 기도와 바램은 하나님의 은총이 – 처음이든지 혹은 새로운 방식으로 계속되든지 간에 당신의 삶을 얼마나 풍성하게 감싸고 있는지 독자들이 깨닫게 되기를 바란다. **하나님의 은총이 당신을 향하고 있다.** 하나님은 당신이 은총을 온전하게 누리며 살기를 원하신다.

제 2 장
은총에 대한 기대감을 높이라

일반적으로 사람들의 기대감의 수준에 따라 그 결과도 다르게 나타난다. 우리가 사람들에게 최고의 것을 기대하면 그들이 그 기대만큼 부응하는 것을 보게 된다.

그러나 반대로 "너무 많은 기대를 하지 마라. 그러면 아주 크게 실망하지 않을 것이다"라는 금언 또한 적용 될 수 있다. 만일 사람들에게 최악의 것을 기대하게 되면 종종 그러한 결과를 얻게 된다. 만약 사람들에게 좋은 기대감과 최고의 것을 예측한다면 당신은 기대한 만큼의 좋은 열매를 얻게 될 것이다.

최고의 기대감은 은총과 더불어 시작된다. 즉 우리가 누릴 수 있는 '**은총의 수준**'은 우리의 기대감의 수준에 비례한다. 즉 기대감이란 무엇인가를 학수고대하는 것이다. 하나님의 은총을 고대하면서 기다린다는 것은 하나님의 커다란 은총이 당신의 삶 속으로 풀어지는 것을 경험하기 위한 도약의 첫 걸음을 내딛는 것이다.

최악의 것을 기대하는 사람은 하나님의 은총을 경험할 수 없다. 신앙인들이 삶의 어려움과 절망을 겪게 되는 것은 대부분 그들이 절망을 생각하기 때문이다. 그들은 하나님의 은총을 구하고자 기대하지 않는다. 실패를 생각하고, 머리가 되기보다는 꼬리가 될 것을 생각하곤 한다. 자신의 처한 환경의 밑바닥만 생각할 뿐 그 상황을 뛰어 넘는 것을 기대하지 않는다. 성경은 마음의 생각이 그 사람을 말해주며, 우리의 믿음대로 역사가 이루어진다고 한다(잠언 23:7, 마태복음 9:29). 비록 하나님이 우리를 구원하셨을 지라도 우리가 부정적인 기대감들을 갖는다면 이 땅에서의 우리의 삶은 패배감으로 가득 찰 것이다. 다시 말해서 우리가 나쁜 기대감을 갖는 한 이 세상 끝날까지 시련과 고난 그리고 온갖 종류의 시험들을 견디며 인내해야 한다. 재난의 삶을 기대한다면 결국 재난으로 인해 고통받게 된다.

여기서 말하는 '**인내심**'이란 좋은 것이며 경건의 특성이라는 것을 꼭 기억해야 한다. 인내심을 지닌 자는 하나님과 사람에게 모두 총애를 받게 된다.

> 죄가 있어 매를 맞고 참으면 무슨 칭찬이 있으리요
> 오직 선을 행함으로 고난을 받고 참으면
> 이는 하나님 앞에 아름다우니라
>
> 베드로전서 2:20

우리가 여러 가지 고난을 만나지만 하나님은 우리가 그 속에서 허우적거리도록 모른척 하지 않으신다. 하나님은 "항상 우리를 그리스도 안에서 승리하도록 이끄신다"(고린도후서 2:14). 우리가 하나님의 용서를 받고 거듭났을 때 (Born again) 곧바로 하나님의 영광에 참여하지는 못한다. 그러나 하나님은 우리가 하나님 나라에 갈 때 까지 이 땅에서 무조건 고통을 참으라고만 말씀하지 않는다.

예수께서 "천국은 침노를 당하나니 침노하는 자는 빼앗느니라"(마태복음 11:12)라고 선포하셨다. 천국은 하나님의 통치 즉 **하나님의 은총**이 있는 곳이다. 천국을 소유하는 것에 목적을 두고 구하는 자들에게 천국이 주어진다. 바로 여기서 우리에게 인내심이 필요하다.

믿음은 약속해 주신 것을 받기 위해 인내하는 것이며, 의심은 약속에 대한 기대없이 인내하는 것이다. 당신을 향한 하나님의 은총을 기대하는 것이 믿음이다.

우리 가족은 어느 날 여행을 갔었다. 그 때 누군가가 "무엇이 당신에게 평화를 줍니까?"라고 내게 물었다. 아들이 대신 대답하기를 "그리스도 안에 내가 있음을 아는 것이지요"라고 했다. 우리 식구들은 모두 동의했지만 아내는 한마디를 덧붙였다.

아내는 남편인 나의 팔에 안기는 것이 그녀의 평안이라고 말했다. "평화란 은총을 알고 경험하는 것으로부터 옵니다. 마치 큰 소동이 나고 불안전 지대에서 내가 거부당했다고 느끼는 그 때에 만약 내가 누군가에게 사랑받고 있다는 것을 알게 된다면 평화가 찾아옵니다. 당신의 팔에 안겼을 때 평화가 있습니다. 왜냐하면 그 때 나는 당신의 사랑에 빠지게 되며 당신이 나를 사랑하고 나를 위한 존재라는 것을 깨닫게 되기 때문입니다."

그러나 사실 아내가 처음부터 그렇게 생각한 것은 아니다. 결혼 초기에 나는 그녀를 정말로 사랑하고 깊이 포옹을 나누었음에도 불구하고 아내는 나의 포옹이나 사랑의 표현을 통해 평안을 누리지 못했었다. 아내는 그 당시 나의 표현들이 사랑의 표현이라기 보다는 결혼의 의무감이라고 간주했었다. 비록 나의 표현 방식이 사랑을 의미했을 지라도 아내가 기대하는 방식이 아니었다. 아내가 나의 사랑의 방식을 수용하기로 결심하고 나서야 비로소 나의 사랑을 진심으로 느끼게 되었다.

당신이 누군가의 은총을 받아들이기를 거부하는 한 은총을 누릴 수 없다. 당신에게 은총이 주어졌다해도 그것이 은총을 누릴 수 있는 것을 의미하지 않는다. 은총의 공급하심을 따라야만 하나님과 사람들과의 진정한 관계성을 경험할 수 있다. 아내가 나의 사랑의 유익함을 받으려고 했다면 먼저 그 사랑을 수용하려는 자세가 필요했다. 그녀는 내 마음을 오해했고 그러한 생각은 나의 사랑을 수용하지 못하도록 방해했다. 우리의 관계성의 변화는 아내가 나를 용서하고 나의 사랑을 수용하기로 결단했을 때 시작되었다. 덧붙이자면, 나는 아내에 대한 나의 사랑을 새로운 방식으로 표현하는 것이 즐겁다.

이제 아내는 이렇게 고백한다. "평화와 안전함으로부터 오는 유익함을 즐긴다는 것은 정말 놀라운 거예요! 결혼 초기 수년 동안 당신의 사랑을 기대하고 믿으며 제가 받아들였다면 얼마나 좋았을까요?" 이와 마찬가지로, 오늘도 하나님은 그분이 우리 각자에게 제공하신 은총을 우리가 받아들이며 더욱 기대하기를 원하신다.

신앙인의 삶이란 단지 인내의 삶만이 아니라 즐거움을 누리는 삶이다. 만일 우리가 가까스로 하루를 살아가고 있다면 하나님이 우리를 향해 의도하신 방법에서 벗어나 있는 것이다. 물론 우리에게는 어려운 삶의 순간들도 있다. 그러나 하나님은 우리가 하나님 나라에 들어가는 것뿐만 아니라 이 땅에서의 삶의 여정들을 그분과 함께 동행하기 원하신다. 그분과 동행하며 얻게 되는 즐거움의 일부는 하나님의 은총의 온전한 권능을 우리가 소유하는 것에서 시작된다. 그러한 삶을 누리며 은총 안에서 자라나기 위해서는 때때로 우리의 기대감을 변화시켜야 한다.

1. 당신의 기대감을 키워라

하나님의 은총에 대해 기대감을 갖는 것이 과연 옳은 것인지에 대해 궁금해 할 수 있다. "하나님께서 이미 이루어 주셨는데도 불구하고 그 이상의 축복들을 정말로 기대해도 되는가?" 라고 묻는다.

우리는 실제로 하나님의 은총에 대하여 우리의 기대감을 키울 권리가 있다. 그러나 하나님을 향한 기대감은 우리의 자만심이나 거만함으로 인한 기대감이 아니다. 또한 우리가 그러한 기대감을 요청할 자격이 있거나 혹은 하나님이 우리에게 빚을 진 것도 아니다. 오직 우리가 하나님의 자녀라는 이유 때문에 큰 기대감을 품을 권리가 있다. 하나님이 당신에게 우선적으로 원하시는 것이 있다.

사랑하는 자여 네 영혼이 잘 됨같이
네가 범사에 잘되고 강건하기를 내가 간구하노라"

요한 3서 1:2

인간은 세 부분 즉 영(spirit)과 혼(soul), 육(body)으로 존재한다. 당신의 영이 잘 된다면 나머지 부분도 잘 될 것이다. 혼이란 마음, 의지, 감정들을 포함한다. 우리는 마음으로 하나님의 은총을 기대한다. 우리의 의지로 은총에 관해 주신 말씀을 믿기로 결정한다. 우리의 감정으로 감사를 드리며 하나님의 은총을 기뻐한다. 당신의 혼이 만일 은총이 부어질 것이라는 기대감으로 채워진다면, 그것은 당신의 삶 위에 하나님의 은총이 부어지도록 하나님의 마음을 움직이게 된다.

우리의 영혼이 잘되기 위해서 어떻게 은총에 대한 기대감을 가지고 우리 자신을 채울 수 있을까? 이미 우리는 세상의 프로그램화 된 것들에 대해 정신적으로 끊임없는 전쟁을 치루고 있다. 교사들 혹은 직장의 상관들은 우리 자신이 누구이며, 무엇을 할 수 있고 없는지를 말해준다. 방송매체는 우리의 외모에만 초점을 맞춘다. 카드회사나 상업광고는 우리가 구매할 것을 부추긴다. 그러나 하나님께서는 로마서 12장 2절에서 이렇게 말씀하신다.

> 너희는 이 세대를 본받지 말고 오직 마음을 새롭게 함으로
> 변화를 받아 하나님의 선하시고 기뻐하시고
> 온전하신 뜻이 무엇이지 분별하도록 하라
> 로마서 12:2

우리의 기대감이 세상의 방송매체, 고용주, 상업 광고 등에 의해 조정되는 한 우리의 삶은 행복할 수 없다. 하나님의 말씀을 통해서 우리의 마음이 새롭게 될 때 비로소 우리의 범사가 형통할 수 있다.

우리를 향하신 하나님의 은총을 성경 속에서 찾아보면 우리의 기대감이 증가된다. 나사렛 회당에서의 예수님의 말씀을 생각해 보자.

> 주의 성령이 내게 임하셨으니

> 이는 가난한 자에게 복음을 전파하고...
> 주의 은총의 해를 전파하게 하려 하심이라 하였더라
>
> 누가복음 4:18-19

회당의 모든 사람들은 예수님께서 말씀하시는 '주의 은총의 해'가 의미하는 것이 무엇이지 정확히 알고 있었다. 유대인의 문화에서 이것은 '희년'을 의미했다. 매번 50년째 속죄의 날이 되면 제사장은 성소에 들어가서 속죄의 피를 뿌린다. 그가 나오게 되면 은색의 나팔이 울린다. 나팔 소리와 함께 희년이 선포되었을 때, 모든 노예들은 자유인이 되며 빚은 탕감되고 토지는 원래 주인에게 돌아간다(레위기 25:8-17).

희년을 알리는 나팔이 울리면 백성들은 소리치고 기뻐하며 축제를 벌인다. 만일 당신이 이미 팔려던 집과 땅을 다시 돌려받고 잃었던 자유와 가족들을 다시 찾을 수 있다고 상상해 보라. 희년의 때에 모든 소유물을 되찾게 되는 것이다.

그러나 예수께서 언급하신 희년은 물질적인 것 이상의 자유를 의미한다. 예수께서 선포하신 핵심은 이와 같다: "내가 이 땅에 와서 죽고 장사되어 부활함으로써 영적인 희년의 때 - 가난한 자에게 복음을 전하고, 포로된 자에게 자유를, 눈먼 자를 다시 보게 하고, 눌린 자를 자유케 하며 모든 이를 위한 하나님의 값없이 주시는 은총의 때 - 를 선포하는 것이다." 또한 예수님은 영적인 희년의 때가 계속되기를 원하셨다. 주님이 말씀하신 '은총의 해'란 교회시대 전체에 걸쳐 혹은 '구속의 은총'이라 불리우는 예수님 당시로부터 주님이 다시 오실 그 날 까지를 포함한다. 오늘날 '희년'이란 우리를 향한 '하나님의 은총의 날'을 의미한다.

구약성경은 앞서갔던 믿음의 선진들의 삶의 모습과 발자취를 보여준다. 히브리서 10장 1절에 보면, "율법은 장차 오는 좋은 일의 그림자요, 그리스도께서 우리를 위해 이루셨던 것처럼 참 형상이 아니므로, 해마다 늘 드리는 바 같은 제사로는 나아오는 자들을 언제든지 온전케 할 수 없느니라"고 기록했다. 우리가 길을 걸을 때 그림자가 드리우면 우리는 실체가 가까이 있음을 알게 된다. 우리의 속죄를 위해 숫소와 염소의 피가 지속적으로 요청된다. 그러나 동물의 피를 통한 속죄는 그림자에 불과하며 속죄의 실체는 예수 그리스도의 피의 속죄이다. 우리는 우리를 향한 예수님의 피흘리심을 통해 그분이 허락하신 모든 유익함을 받을 수 있는 은총의 자리로 갈 수 있는 것이다.

희년의 해는 일시적으로 베푸는 물질적 축복들이다. 이 또한 그림자에 불과하다. 실체는 예수 그리스도의 등장이며 그가 베푸시는 영원한 영적인 축복들 – 매일 매일 베푸시는 풍성한 은총들, 우리의 요구에 대해 값없이 주시는 축복들 – 이다.

희년의 시작은 오직 나팔 소리와 함께 시작되지만, 그것 역시 또 다른 그림자와 같은 것이다. 온 땅에 울려 퍼지는 시끄러운 나팔소리는 육체적 희년의 시작을 알리는 것이다. 당신이 소리를 내어 은총에 대한 기대감을 고백하기 시작한다면 당신은 영적으로 중요한 일을 시작하는 것이다. 다음 장에서 은총에 대한 입술의 고백에 관해 구체적으로 살펴볼 것이다. 그러나 먼저 당신이 얼마나 기대하고 있는지 확인해 보라.

당신이 받게 될 '은총의 해'는 당신의 기대감의 수준에서 출발한다. 그 은총의 때에, 당신은 구원을 경험할 수 있으며 그 이상의 것도 경험하게 된다. 더 나아가서 예수께서 선포하신 영적인 희년을 기대할 수 있으며, 은총의 넘치는 권능이 당신의 삶 속에서 풀어지는 것을 보게 될 것이다.

2. 잘못된 기대감들

대부분의 사람들은 **무엇을 기대해야 되는지**를 알고 싶어한다. 그러나 가끔씩 잘못된 기대감들을 품는다. 기대하는 것에 대한 정확한 그림을 그려 놓지 않는다면, 우리는 잘못된 길로 가거나 혹은 길을 잃거나 혹은 실수를 하게 된다. 한 가지 예를 들어보면, 결혼 초기에 아내는 내가 집안을 고치고 수리할 수 있는 능력에 대해 정확한 그림을 그리지 못했었다. 장인어른은 도구만 있으면 무엇이나 고치는 만능 재주꾼이었다. 나는 지금까지 그렇게 손재주가 있는 분을 본 적이 없었다. 그는 어떤 것이든 고치지 않고는 그냥 지나치지 않았으며 심지어 만들기까지 했다. 그가 견인차를 조립하고 분리하는 일은 식은 죽 먹기였다. 그렇기 때문에 수리공이 결코 집에 온 적이 없으며 수리비가 지출된 적도 없었다. 장인어른 덕분에 아내는 모든 남편들을 만능 수리공으로 알고 있었다.

따라서 내가 결혼했을 때 아내는 내가 집안의 고장난 모든 것을 기꺼이 잘 고칠 거라고 믿었다. 생일이나 크리스마스 때마다 다른 남편들은 휴가를 즐길 동안, 나는 수많은 연장들을 가지고 '모든 것을 고치는 법'이라는 제목의 책과 함께 씨름을 했다. 그러나 얼마 못 가서 아내는 나에 대한 기대감을 바꿔야만 했다.

결혼한 후 곧바로 우리 부부는 멕시코에 선교사로 파송되었다. 그 곳의 수도 시설은 내가 살던 곳과는 크게 달랐다. 거대한 물탱크가 옥탑 위에 있었다. 그 물탱크는 엄청난 양의 물을 담고 있었고 수압 또한 컸기 때문에 수도꼭지를 틀 때면 주의를 해야만 했다. 어느 날 물이 새어 나오기 시작하자 아내는 수도꼭지를 고치기 위한 책 - '모든 것을 고치는 법' - 을 꺼내서 읽어 주었다. 그녀는 철물점에 가서 수도를 수리하는데 필요한 모든 연장과 부품들을 구입했다. 내가 신학교에 저녁 강의하러 가기 전에 철물점에서 구입한 모든 연장들을 다 꺼내 놓고는 "여보! 수도꼭지를 고치기 위한 모든 장비가 여기 다 준비 되었어요"라고 말했다.

나는 신혼시절 나의 신부인 아내를 사랑했고 장인어른이 하신 방식으로 그녀를 돌봐 주기를 원했다. 따라서 나는 어쩔 수 없이 연장을 잡고 수리를 시작했지만 결과는 뻔한 것이었다.

내가 책을 잘못 읽었는지 그 책의 쪽수가 없어졌는지 하여간에 물을 먼저 잠가야 하는 것을 잊어버리고 있었다. 수도꼭지에 연장을 갖다 대자마자 '꽝' 하는 굉음과 함께 수도꼭지 조절기가 나를 빗겨서 뒷벽으로 튕겨나갔다. 물이 순식간에 사방에 쏟아지기 시작했고 내 생애에 그런 물은 본 적이 없는 것 같았다. 소방차의 물줄기처럼 물은 사방에 뿌려졌고 나는 기가 막힌 심정이었다.

그 날 이후로 지금까지 나는 더이상 떨지 않고 철물점에 들어 갈 수 있게 되었다. 그 이후로 집안의 물건들을 손보지 않아도 되었다. 다행히도 아내는 더이상 나를 수리공으로 생각하지 않았다. 대신에 아내는 내가 기쁜 마음으로 수리공에게 돈을 지불할 것을 원했다. 무엇인가가 고장나면 아내는 수리를 위해 전화번호부 책을 뒤적였고 나는 돈만 지불하면 되었다. 아주 가끔씩 내가 홈디포(북미에 있는 대형철물점으로 모든 집안을 꾸미거나 고치는 부속품이 가득한 백화점형 철물점)에 들를 때면 열심히 기도하게 된다.

"하나님 이 철물 백화점에서 무사히 빠져나갈 수 있도록 도와주세요."

내가 주위를 둘러보고 있자면 주황색 조끼를 입은 점원이 "선생님! 무엇을 도와 드릴까요?"라고 묻는다. 잠시 후 그는 내가 필요한 모든 연장을 챙겨준다. 나는 그 순간 속으로 기도한다.

"하나님! 당신의 은총에 감사합니다."

그런 후에 아내가 필요한 모든 것을 챙겨서 집으로 돌아온다.

만일 아내가 나의 손재주가 없는 것에 관해 잘못된 기대감을 계속 고집했더라면, 나로 인해 그녀는 계속 실망했을 것이고 결혼 생활에 커다란 스트레스가 되었을 것임에 틀림없다. 커다란 절망감으로 인해, 아내는 어쩌면 나만이 가지고 있는 장점들을 알아채지못했을지도 모른다. 우리들은 대부분 배우자의 부정적인 것에만 초점을 두고 선하고 긍정적인 것들을 묵살해 버린다. 다행히도 아내는 그녀의 기대감을 바꾸어 내 안에 있는 긍정적인 기질이나 성품들을 – 즉 손재주있는 남편이 되기 위해 내가 기꺼이 노력했던 점들을 – 인정해 주었다.

이와 같이 우리가 하나님에 대한 잘못된 기대감을 갖고 있을 때 우리는 종종 실망과 스트레스에 시달리게 된다. 하나님은 그의 자녀들에게 끊임없이 은총을 부어주시기를 원하지만 우리는 때때로 그것을 기대하지 않는다. 만일 우리가 하나님이 행하실 일에 대한 사실적인 정확한 밑그림을 그려 놓지 않으면 우리는 장차 이루어질 일들을 아주 놓치게 된다. 어떤 사람들은 하나님이 어떤 일을 행하시기를 원하신다면 무엇이든지 저절로 이루어질 것이라고 생각한다. 하나님이 '말씀해 주실 때' 그분의 뜻이 그들 자신의 것이 된다고 기대하지 않는다. 대신에 이렇게 생각한다.

"하나님이 원하신다면 어떤 것이든지 내게 이루어질 거야. 또한 하나님이 원하지 않으신다면 나는 어떤 것도 받을 수 없어. 나에게 달린 것이 아니야. 내가 할 수 있는 것은 많지 않아."

이러한 종류의 사고는 매우 잘못된 것이다. 하나님은 그의 자녀인 이스라엘 백성들에게 약속의 땅, 즉 젖과 꿀이 흐르는 땅을 주셨다. 그 약속은 받기 위해 주어진 것이었다. 하나님은 아브라함, 이삭, 야곱 그리고 그의 후손들을 거쳐 마침내 모세와 이스라엘 백성들이 가나안의 경계선에 이르기까지 오랜 기간에 걸쳐 약속을 하셨다. 하나님은 말씀하셨다.

> 그 땅을 취하여 거기 거하라
> 내가 그 땅을 너희 산업으로 너희에게 주었음이라.
>
> 민수기 33:53

다음에 무슨 일이 일어났는가? 모세는 12명의 정탐꾼을 약속의 땅으로 보냈고 그 중에 정탐꾼 10명은 이스라엘 백성에게 부정적인 보고를 한다. 따라서 이스라엘 백성들은 자신들보다 신장이 장대한 거민들을 두려워하여 젖과 꿀이 흐르는 약속의 땅을 점령하기를 주저했다.

> 거기서 또 네피림 후손 아낙 자손 대장부들을 보았나니
> 우리는 스스로 보기에도 메뚜기 같으니
> 그들의 보기에도 그와 같았을 것이니라.
> 온 회중이 소리를 높여 부르짖으며

밤새도록 백성이 곡하였더라

민수기 13:33-14:1

하나님은 그의 백성들이 약속의 땅을 차지하기를 원하셨을까? 물론이다. 하나님은 그의 백성이 약속의 땅을 취할 것을 보증하셨다. 이스라엘 백성들은 하나님의 인도하심을 기대했는가? 아니다. 오히려 그들은 약속의 땅에 발을 들여 놓는 순간 죽임 당할 것을 기대했다. 그들은 하나님이 가라고 명하신 곳으로 갈 수 있었으나 그들의 잘못된 기대감들로 인해 길을 벗어나게 되었다. 그 결과 그들의 세대 전체가 광야에서 유랑하며 죽어갔다.

하나님은 우리가 우리의 삶 속에서 **하나님의 은총**'을 즐거이 누리기를 원하시는가? 물론이다. 그렇다면 당신의 기대감들은 하나님께서 우리에게 은총을 베풀 수 있을 만큼 강력한가? 혹시 우리는 이스라엘 백성들처럼 은총의 흐름을 막아 버린 것은 아닐까? 당신과 내가 '약속의 땅' 국경에 서 있다고 가정해 보자. 그 때 우리의 잘못된 기대감이 우리가 약속의 땅에서 행복하게 사는 것을 방해할 수 있다. 반대로 하나님이 이미 우리의 것으로 보증해주신 하나님의 은총을 우리의 것으로 소유하며 즐길 수 있다.

3. 무엇을 기대할 것인가?

구약성경의 앞부분에서 하나님은 백성들의 기대감을 바꾸시기 위해 종종 꿈으로 보여 주셨다. 하나님은 꿈을 통해서 하나님의 사람들이 정확하게 '**무엇을 기대할 것인지**'를 알려 주신다. 지금도 하나님은 여전히 꿈을 이용하시지만 우리가 그분의 말씀을 소유하는 것도 우리의 기대감을 높여 준다. 하나님의 말씀은 우리가 기대감들을 키우도록 도와주며 마침내 우리는 하나님의 은총의 온전한 능력 안에서 살아갈 수 있다.

> 이 율법책을 네 입에서 떠나지 말게 하며
> 주야로 그것을 묵상하여 그 가운데
> 기록한 대로 다 지켜 행하라 그리하면
> 네 길이 평탄하게 될 것이라 네가 형통하리라
>
> 여호수아 1:8

"네가 말씀을 묵상할 때, 네 길이 평탄하게 될 것이다"라는 구절을 주목하기 바란다. 이미 하나님의 축복이 예비되었어도, 당신이 하나님의 말씀을 준행할 때 비로소 하나님의 은총을 체험하게 된다. 당신이 하나님의 임재 안으로 들어가서 은총에 관한 모든 말씀을 발견하고 그 말씀에 따라 살아가면 형통하게 될 것이다! 야고보서 1장 21절의 말씀처럼 우리가 "마음에 심긴 도를 온유함"으로 받을 때 우리의 영혼이 구원을 받을 수 있다. 하나님의 은총을 세상 사람들의 방식으로 이해하는 것을 멈추어라.

여기서 우리는 단지 빙산의 일각이지만, 하나님의 은총에 관한 성경의 중요한 몇 구절을 살펴보게 된다면 우리가 무엇을 기대해야 되는지를 알게 될 것이다.

> 내 영혼아 여호와를 송축하며 그 모든 은택을
> 잊지 말지어다 저가 네 모든 죄악을 사하시며
> 네 모든 병을 고치시며 네 생명을 파멸에서 구속하시고
> 인자와 긍휼로 관을 씌우시며 좋은 것으로
> 네 소원을 만족케 하사 네 청춘으로 독수리같이
> 새롭게 하시는도다 여호와께서 의로운 일을 행하시며
> 압박 당하는 모든 자를 위하여 판단하시느니라...
> 여호와의 인자하심은 자기를 경외하는 자에게
> 영원부터 영원까지 이르며 그의 의는 자손의 자손에게
> 미치리니 곧 그 언약을 지키고
> 그 법도를 기억하여 행하는 자에게로다
>
> 시편 103:2-6, 17-18

단 한편의 시에서조차 수많은 하나님의 은총에 대한 기대감을 발견할 수 있다. 하나님의 은총은 당신의 죄를 용서하며, 질병을 치유하시고, 파멸에서 당신을 친히 구속하시며, 당신의 머리위에 인자와 긍휼로 관을 씌우시며, 육체적 건강과 우리의 소원을 만족케 하시며 억압당한 자에게 의를 베푸신다. 따라서 우리가 그의 언약을 지키고 행한다면 하나님의 구원의 역사는 우리의 자손에게 까지 영원토록 미칠 것이다. 그리고 이것은 단지 시작일 뿐이다.

성경은 하나님께서 영원한 생명과 더불어 많은 것들을 공급하시겠다고 약속하신다. 즉 특별한 재능, 능력, 당신이 필요한 모든 풍성함과 예수님이 허락하신 권위, 지도력, 건전한 마음과 몸, 말로 형용할 수 없는 기

쁨, 당신의 노력에 대한 성공의 대가, 하나님의 날개로 보호하심, 회복, 적들로부터의 승리, 간구할 때 주시는 지혜와 평안함 등이다. 하나님의 은총이 방패처럼 우리를 호위하셨던 순간들이 성경말씀에 수 없이 기록되어 있다. 이제 당신은 언제나 어디에서나 하나님의 각별한 은총이 주어질 것을 기대해야 한다. 우리는 우리를 향한 하나님의 그 열렬한 은총으로부터 벗어날 수 없다.

> 네가 네 하나님 여호와의 말씀을 순종하면
> 이 모든 복이 네게 임하며 네게 미치리니
> 신명기 28:2

무엇이 축복인가? 거대한 우주의 창조자이신 하나님 아버지의 자녀로서 우리는 헤아릴 수 없는 하나님의 특별한 혜택을 누릴 수 있다.

> 성읍에서도 복을 받고 들에서도 복을 받을 것이며
> 네 몸의 소생과 네 토지의 소산과
> 네 짐승의 새끼와 네 우양의 새끼가 복을 받을 것이며
> 네 광주리와 떡반죽 그릇이 복을 받을 것이며
> 네가 들어와도 복을 받고 나가도 복을 받을 것이니라
> 신명기 28:3-8

만일 당신이 백만장자 빌 게이츠의 자녀라면 자녀이기에 최우선의 혜택을 누릴 것이다. 이처럼 누구에게나 열려 있지 않은 특별한 축복의 문

이 당신에게도 열려 있다. 따라서 당신이 어디로 가든지 하나님의 각별한 은총을 입게 될 것이다.

지금 하나님의 자녀가 아니면 열릴 수 없는 그 문이 바로 당신에게 열려져 있다. 그분의 값없는 은총이 당신의 삶 안에 측량할 수 없을 정도로 물밀듯이 들어가려 한다. 당신이 이 풍성함을 경험하지 못했다면 지금이 바로 은총을 기대하는 것을 선택해야 하는 순간이다. 당신 자신을 은총에 관한 말씀이 있는 그 자리로 하나님께 내어드릴 때, 바로 은총 안에서 먹고 자라나게 될 것이다. 지금 바로 그것을 기대하라.

제 3 장
은총이 당신을 위한 것임을 믿어라

우리들 대부분은 신앙의 첫 단계로서 은총을 경험했다. 특히 하나님의 은총에 관해 성경이 증거하는 바를 이미 2장에서 살펴보았다. 우리는 하나님이 그의 자녀들에게 각별한 은총을 베푸신다는 것을 알고 있다. 그러나 많은 사람들은 하나님의 사랑을 경험한 후 다음 단계로 도약하지 못한다. 하나님의 '각별한 사랑'은 특정한 사람에게 주어지며, 자신과는 관련이 없다고 생각한다.

단지 특별한 사람만이 하나님의 온전한 은총을 기대할 수 있다고 '**믿는 것**'이 우리의 영적인 성장을 저지한다. 반대로, 하나님이 다른 자녀보다 '나'에게만 특별한 은총을 베푼다고 믿는 것 역시 당신의 영적인 성장을 방해한다.

'**믿는다**'(Believing)는 단어의 뜻은 진리, 가짜가 아닌 참된 것, 혹은 실제적으로 존재하는 것으로 받아들이는 것을 의미한다.

우리들 대부분은 하나님의 은총을 실제로써 믿고 수용한다. 그러나 어떤 사람들은 '믿는다'는 것을 신학적 개념으로만 받아들이고 그 수준에서 멈춘다. 그들은 하나님의 은총이 그들의 삶에 풀어지는 것을 믿는 것을 좀 더 높은 수준의 신앙단계처럼 여긴다. 어쩌면 그들은 하나님의 은총을 기대하지 않을지도 모른다.

'**믿는다**'는 뜻과 '**하나님의 은총에 관해 믿는다**'는 뜻은 큰 차이가 있다.

모든 하나님의 자녀는 특별하다. 그러나 내가 알고 있는 대부분의 사람들은 자신들이 하나님의 은총의 넘치는 권능을 받기 위해 선택된 사람이라고 믿지 않는다. 그들은 자신들이 하나님의 축복에서 제외된 자들이며 무가치하고 별 볼일 없는 사람들이라고 믿는다. 비록 그들이 구원을 받았을지라도 하나님의 나라에 갈 때까지 그저 가까스로 견디면 되는 것이라고 믿는다. 그런 사람들은 대부분 다음과 같은 성향을 지니고 있다.

"나는 늘 가난했었어. 우리 가족 중 부자가 아무도 없지. 나 또한 결코 부자가 되지 못할 거야. 내 가족은 병력이 많아. 오빠와 이모 그리고 내 사촌들 모두 정신병 병력이 있어. 나도 그러한 유전적 요인이 있어. 좋은 일은 내게 더 이상 없어. 아무도 나를 도와주려고 하지 않아. 모두 나를 미워해. 나도 결국 쓰레기나 뒤져 먹고 살게 될 거야…"

이제 사탄에게 수 없이 공격을 받은 구약성경의 욥의 이야기를 기억해 보자. 욥의 세 친구들은 하나님이 욥에게 분노하셨음을 확신시키고자 애를 썼다. 그중 빌닷은 욥에게 종교적 인생의 무가치함을 주입시켰다.

하나님의 눈에는 달이라도 명랑치 못하고
별도 깨끗지 못하거든 하물며

벌레인 사람, 구더기인 인생이랴?

욥기 25:5-6

한때, 내가 아내와 함께 방문한 교회는 욥의 친구 빌닷을 회상케했다. 교회 회중들은 "벌레 같은 나, 벌레 같은 나... 구더기 인 나..."라는 찬송을 했는데 그것은 내게 거부감을 주었다. 그래서 그 찬양 대신에 나는 고린도후서 5:21절 말씀을 묵상했다.

> 하나님이 죄를 알지도 못하신 자로 우리를 대신하여
> 죄를 삼으신 것은 우리로 하여금 저의 안에서
> 하나님의 의가 되게 하려 하심이니라
>
> 고린도후서 5:21

예배시간에 그 찬양이 끝나자 나는 내 자신에 대한 패배감과 절망감이 찾아옴을 느꼈다. 분명히 그러한 찬양은 믿음을 굳건히 세우는데 도움을 주지 못한다. 일반적으로 종교는 중용을 취하게 하거나 우리 자신을 열등하게 여기도록 한다. 종교가 인간이 신에게 도달하는 것이라면, 반대로 기독교는 하나님이 우리에게 먼저 찾아오심에 대해 응답하는 것이다. 기독교인들은 하나님이 이미 영광스럽게도 우리에게 찾아오심에 대해 믿고 반응한다. 그러나 종교인이란 인간이 만든 조직의 규율과 규칙을 통해 신에게 도달하려는 사람들이다. 만일 당신이 종교적인 사람이라면 아마도 하나님을 충분히 만족시키지는 못할 것이다. 왜냐하면 종교란 계속 "너는 벌레이다. 먼지 속의 구더기일 뿐이다"라고 말하기 때문이다.

만일 당신이 인간이 만들어 놓은 기대치에 도달하지 못한다면 내리막길로 내달릴 수밖에 없다. 종교는 신이 당신에게 분노하고 있으며 기꺼이 기도에 응답해 주거나 축복을 해주지도 않을 것이라고 말한다.

게다가 종교는 당신이 잘못한다면 신은 하늘에서 주시하다가 당신을 벌레처럼 뭉개버릴 준비를 하고 있다고 가르친다.

그 때 사탄은 종교적인 방식으로 당신에게 속삭인다. 사탄은 하나님이 하시는 것이 무엇이든 그것에 대한 모조품을 가지고 있다. 그러나 하나님의 영이 당신을 강한 믿음으로 인도하신다. 당신은 그 음성을 마음으로 듣게 된다.

"하나님은 당신을 사랑하십니다. 하나님은 팔을 벌리시고 당신을 기다리십니다. 당신은 하나님께 회개하고 돌아오면 됩니다." 반면, 사탄은 정죄감을 통해 대적하며 믿음을 위조하여 우리 마음에 속삭인다.

"당신이 기독교인인 것을 나는 믿을 수 없어. 네가 한 일이 기억나지 않니? 하나님은 너에게 오랫동안 쭉 화가 나실 거야. 하나님은 너를 지금 당장 끝장내셔야만 될 걸! 하나님이 어떤 일을 위해 너를 사용하시거나 너의 기도를 들어주시거나 응답할 것이라고 생각하지 마. 하나님의 은총은 너 같은 부류의 사람의 것이 아니야".

예전에 또 다른 교회에 출석했던 것이 기억난다. 그 교회 역시 강한 믿음에 기반하는 것이 아니라 자기 비하에 초점을 맞추는 교회였다. 내 아내를 만나기 전에 사귀었던 여자친구의 권유로 그녀와 함께 그 교회에 출석했었는데 나는 그 때 구원 받지 않았을 때였다. 강단에 서 있던 목사님이 무언가를 말씀하자 신도들은 "나는 죄인입니다"라고 화답을 했다. 목사님이 말씀을 하실 때마다 신도들은 계속 "나는 죄인입니다"라고 응답을 했다. 최소한 50번 이상은 계속 반복되었다.

"나는 죄인입니다. 나는 죄인입니다...."

교회를 떠날 때 나는 죄인이 된 느낌이었다. 사탄의 정죄감, 죄인이라는 비하와 경멸은 나를 하나님께 인도하지 못했다. 그것은 나를 더욱 하나님으로부터 멀어지도록 했다. 그 후에 내가 구원을 받았을 때 성령님의 확신은 반대의 말씀이었다.

"너는 용서받았다. 너는 용서받았다..."

그것은 나에게 확신을 주었다.

> 그러므로 이제 그리스도 예수 안에
> 있는 자에게는 결코 정죄함이 없나니
> 로마서 8:1

만일 당신이 육체에 따라 살고 종교적 사고와 사탄 사이에서 듣게 되는 정죄하는 말에 귀를 기울인다면, 결국에 당신은 스스로를 완전히 무가치한 존재로 느끼는 종국으로 치달을 수 있다. 또한 만일 당신을 하나님 나라 왕국에서 벌레같은 존재이며 뱀보다도 못한 존재로 여긴다면, 당신을 향한 하나님의 은총을 믿는 단계에 이르는데 곤란을 겪게 될 것이다. 물론 로마서 12장 3절은 우리가 생각할 그 이상의 생각을 품지 말라고 권고한다. 또한 빌립보서 2장 3절은 각각 자기보다 남을 낮게 여기라고 말씀한다. 그러나 두 구절 모두 남을 높이기 위해 자신의 자존감을 낮게 가지는 것을 의미하지 않는다.

야고보서 2장 1절을 주목하라.

> 내 형제들아 영광의 주 곧 우리 주 예수 그리스도를
> 믿는 믿음을 너희가 받았으니 사람을 외모로 취하지 말라
>
> 야고보서 2:1

야고보 사도는 9절에서 다시 말한다.

> 만일 너희가 외모로 사람을 취하면
> 죄를 짓는 것이니 율법이 너희를 범죄자로 정하리라
>
> 야고보서 2:9

야고보서의 말씀은 다른 사람 뿐 아니라 우리 자신에게도 적용할 수 있다. 다른 사람을 판단하지 말아야 하는 것처럼, 당신 자신을 열등하거나 별 볼일 없는 사람으로 정죄하지 말라. 당신은 특별한 영적 모임이나 선교 단체 등 어떤 것에 속할 필요는 없다. 그러나 하나님의 자녀로써 그분의 은총의 온전한 능력을 누려야 한다. 그 은총은 바로 당신을 위한 것이다.

1. 목사만을 위한 것이 아니다

최근에 고등학교 졸업을 앞둔 막내딸 스테파니는 호주에 있는 힐송(Hillsong) 신학교에 진학하고 싶어했다. 스테파니는 경배와 찬양팀을 인도하는 것을 좋아했고 하나님께 소명을 받게 되었다. 힐송 신학대학은 경배와 찬양팀 교회를 세계적으로 확장시킨 우수한 학교다.

나는 처음에 반대했다. 멀고 먼 나라인 호주에서 2년간 유학을 하는 것을 허락할 수 없었다. 아직 만으로 17살 밖에 안된 소중한 막내딸의 소원을 들어주기 위한 기도조차 하지 않았다. 나는 막내딸을 곁에 두고 싶어서 이렇게 설득했다.

"이곳에도 좋은 대학이 많지 않니? 집에서 다녀라. 우리가 등록금을 다 대주고 차와 보험료까지도 내 줄께. 게다가 차 기름값도 대줄 테니 우리와 같이 있으면 너는 힘 안들이고 사는 거야!"

딸은 고마운 마음으로 대답했다.

"고마워요 아빠!... 그런데 만일 하나님이 나를 다른 곳으로 가라고 하시면 어떻게 하지요?"

"글쎄... 내 생각엔 하나님이 차도 사 주시고 등록금도 내주시겠지."

나는 이렇게 대답하고 딸과 웃었지만 결국 하나님은 내 마음을 움직이셨다. 스테파니가 그 학교에 가는 것이 하나님의 뜻임을 깨닫게 되자마자 나는 딸의 요구를 들어주었다.

그러나 만 18살이 되어야 입학이 가능한 호주의 이민법 때문에 스테파니는 입학허가를 받지 못했다. 미성년자가 호주에 유학을 가려면 호주시민이 보호자가 되어야만 학교에 입학이 허용되었다. 내 딸을 위해 보호자가 될 사람이 호주엔 없었다. 결국 학교 측은 스테파니의 입학을 허용하지 않았다. 스테파니가 호주의 정책 때문에 그 곳에 갈 수 없게 되자 나는 무척 좋아했다.

그러나 하나님께서 그 아이를 호주에 보내시기 원하심을 확신하게 되자 나는 계속 기도하였다. 그 후 학교에 전화를 했다.

"제 딸이 17살인데 호주 이민법 때문에 학교에 진학할 수가 없습니다.

그러나 우리는 제 딸이 꼭 그 곳에 가야만 한다고 믿습니다. 이 문제를 상의할 분이 안 계신가요?"

나는 책임자의 전호번호를 알아냈고 그에게 전화로 상담을 했다. 그 책임자는 기꺼이 자신이 보호자가 되어 주겠다고 했다.

스테파니가 마음속으로 하나님의 인도하심을 따르고자 했을 때 하나님의 은총이 그 아이를 향하고 있었다.

나의 간증을 들은 어떤 사람들은 내가 목사이기 때문에 받은 축복이라고 말한다. 그들은 다른 신앙인들이 누릴 수 없는 하나님의 각별한 사랑이 목사의 가정에만 주어진 것이라고 믿는다. 또한 그들은 하나님의 특별한 은총을 누리기 위해서는 목사가 되거나 목회사역을 해야만 한다고 생각한다. 그러나 이것은 사실이 아니다. 나는 이러한 은총의 문이 열려 있지 않은 목회자 가정들을 알고 있다. 그러나 우리 가족이 **하나님의 은총**'을 믿고 기대했을 때 스테파니의 앞길이 열린 것이다.

2. 은총이 임하는 단 하루

하나님의 은총이 우리를 위해 열려 있거나 닫혀 있을 수 있다. "당신이 누구인가가 중요하지 않다. 당신이 누구의 사람인지가 중요하다"라는 말을 들어 본 적이 있을 것이다. 물론 사회적 지위나 영향력이 사람의 총애를 받는 중요한 요인일 수 있다. 그러나 그러한 사회적 배경은 하나님의 각별한 사랑을 받는 것과는 상관이 없다. 요셉이 사람들의 총애를 받았지만 그의 삶이 얼마나 오르막길과 내리막길을 달렸는지를 생각해 보자 (창세기 37: 39-40). 요셉은 그의 아버지에게 가장 총애를 받았지만 형제들에게는 미움을 받았다. 요셉의 형제들은 요셉을 때리고 죽이는 대신 노예상에게 팔아 넘겼다. 노예상인들은 요셉이 별로 필요하지 않자 이집트에 그를 팔아 넘겼다. 요셉은 그의 새 주인인 보디발의 총애를 받아 전체 집안 살림을 맡는 집사의 위치에 오르게 된다. 그러나 보디발 처의 거짓 고변으로 요셉은 감옥에 감금되었다. 비록 요셉은 감옥에서 많은 세월을 보냈지만 감옥 간수의 총애를 받게 되었다. 그는 우여곡절 끝에 마침내 바로왕의 총애를 받게 되었고 이집트의 국무총리가 되었다.

   요셉의 파란 만장한 삶을 주목해 보라. 요셉은 사회계층의 제일 밑바닥에 있을 때부터 각별한 사랑을 받기 시작했다. 구약의 족장시대에 대부분의 아버지들은 주로 자신의 유업을 계승할 장자를 총애했다. 그러나 야곱은 12아들 중 11번째 아들이었던 요셉을 가장 총애했다. 이집트에서 가장 하층민이었던 노예 요셉은 바로왕의 모든 것을 관장하는 총리가 되었다. 요셉은 바로왕의 지하 감옥에서부터 한 나라의 총리로 도약하였다. 어느 누가 요셉을 가장 밑바닥에 둘지라도 요셉은 위를 향해 전진했다. 요셉은 사회적 신분과 영향력 혹은 어떤 사회적 인맥도 없었다. 나는 하나님의 넘치는 은총의 권능이 그의 삶 속에 임하였기에 요셉이 최고의 자리로 이동했다고 믿는다.

> 그런즉 이 일에 대하여 우리가 무슨 말 하리요
> 만일 하나님이 우리를 위하신다면 누가 우리를 대적하리요
>
> 로마서 8:31

'은총의 한 날이 수고한 천 날보다 낫다' 라는 말이 있다. 당신은 다른

사람들이 평생을 허비하면서 성취하고자 했던 꿈을 은총이 부어지는 단 하루에 이룰 수 있다. 요셉이 감옥에 있을 당시 시종관들이 꾼 꿈이 요셉을 이집트의 총리로 세우게 될 줄 아무도 짐작하지 못했다. 그 시종관들은 자신들의 꿈을 이루기 위해 개인적, 사회적, 경제적으로 모든 것을 다 바쳤을 것이다. 아마도 바로왕이 기이한 꿈을 꾸었을 때조차 신분 문제를 놓고 눈치를 보고 있었을 것이다. 바로왕의 꿈이 요셉을 위한 것임을 어느 누구도 짐작하지 못했을 때 요셉은 하나님의 계획 안에 있었다. 과거에 요셉과 함께 감옥에 몇 년간 함께 있었던 시종관이 요셉을 기억해 낸다. 요셉은 왕의 부르심을 받아 바로왕의 꿈을 해석해 주었다. 그 때 요셉은 꿈에서 예언해준 일련의 사건들에 관해 무엇을 해야 할지를 왕에게 알려 주었다. 그리고 요셉은 그의 꿈해석 능력을 주신 하나님께 영광을 돌렸다. 그 다음 이야기를 알고 있는가? 하나님은 요셉에게 은총과 함께 바로왕도 주셨다. 곧바로 하나님은 바로왕이 요셉을 총애하여 죄인의 신분에서 국무총리의 자리로 승진시키도록 인도하신다. 다른 사람들이 전 생애를 허비하여 얻을 수 있는 사회적 지위를 요셉은 '**은총이 부어진 단 하루**' 만에 성취했다.

 요셉은 셀수 없는 수고의 날들을 합쳐도 다 이룰 수 없는 일을 '**은총의 한 날**' 에 다 이루었다. 우리는 어떻게 그런 일이 일어나는지를 안다. 그러나 '왜' 그런 일이 일어났는지를 모른다. 어떻게 요셉은 어디를 가든지 하나님과 사람들 모두에게 총애를 받을 수 있었는가? 한마디로 말하자면 요셉은 믿음의 사람이었다. 모든 급박한 상황 속에서도 요셉은 하나님이 자신을 돌보고 계심을 믿었다. 요셉은 믿음의 고백을 하는 사람이었다.

 요셉은 자신을 유혹하는 보디발의 처에게 하나님 앞에서 그런 죄를 범

할 수 없다고 말했다. 요셉은 자신의 해석 능력이 하나님이 주신 것이라고 바로왕에게 고백했다. 후에 요셉은 '형들이 자신에게 악을 행한 것은 하나님이 자신의 삶을 선하게 인도하시기 위한 것'이라고 말한다(창세기 39:9; 41:16; 50-20). 요셉은 불의한 사건을 당하고도 분노와 고통을 참아 냈다. 요셉은 자신이 하나님을 따르는 한, 하나님께서 어떤 상황도 바꾸어 놓으실 것이라는 흔들리지 않는 확신에 거했다.

3. 죄와 실패도 당신을 향한 하나님의 은총을 멈추게 하지 못한다.

당신은 아마도 그런 일은 요셉에게 일어난 일이지 내게는 결코 일어나지 않는다고 생각할지도 모른다. 그리고는 이렇게 믿는다.

"요셉은 하나님의 뜻을 계속 따랐지만 나는 너무 많은 실수와 잘못을 저질렀어. 내 삶은 너무나 엉망진창이야. 하나님은 결코 내게 좋은 일들을 허락하지 않으실 거야!"

죄와 실패는 당신을 하나님의 은총의 길에서 벗어나게 하여 넘어뜨릴 수 없다는 것을 반드시 이해해야 한다. 오히려 불신앙이 당신이 은총을 누리지 못하게 한다. 왜냐하면 하나님은 당신의 죄를 기억하지 않으신다. 하나님은 죄의 흔적을 지우신다.

이는 하나님께서 그리스도 안에 계시사

세상을 자기와 화목하게 하시고

저희의 죄를 저희에게 돌리지 아니하시고

> 화목하게 하는 말씀을 우리에게 부탁하셨느니라
>
> 고린도후서 5:19

당신이 과거에 무슨 일을 했고 어떤 일을 저질렀건 혹은 얼마나 많이 사탄이 시험을 하고 당신을 죽이고 망치려고 시도를 했건 간에, 당신이 구원을 경험했을 때 이미 완전하게 새로운 피조물이 되었다.

> 그런즉 누구든지 그리스도 안에 있으면
> 새로운 피조물이라 이전 것은 지나갔으니
> 보라 새것이 되었도다
>
> 고린도후서 5:17

만일 하나님이 당신을 구원하신 후 하나님 말씀을 통해서 당신 스스로가 누구인지를 깨우쳐 주지 않는다면 당신은 자신이 누구인지를 모를 것이다. 우리는 하나님 말씀에 근거해서 **우리가 누구인지**, 그리고 **우리가 누구에게 속한 자**인지를 알아야만 한다.

만약 하나님이 과거의 실패와 결점있는 성격들을 사용하지 않으신다면 실제적으로 성경의 이야기들은 의미를 상실하게 된다. 베드로는 예수님을 떠나지 않을 것이라고 열정적으로 고백한 후 주님을 한 번뿐 아니라 세 번씩이나 부인했다. 하나님의 마음에 합한 사람이라 칭찬 받았던 사람, 위대한 다윗 왕은 간음죄를 범했고 밧세바의 남편을 살해했다. 바울은 사도가 되기 전에 스데반 집사에게 돌을 던져 죽이는 일을 도왔으며 초대교인들을 잔인하게 핍박했다. 예레미야 선지자는 너무나 좌절하여 사역을 포기하고 사막의 여행객을 위한 여인숙을 경영코자 하는 마음을 갖기도 했었다. 엘리야는 이세벨 여왕을 두려워하여 도망했다. 아브라함은 그의 아내 사라의 몸종인 하갈과 동침했다. 이삭은 그의 아내를 누이라고 속였다. 야곱은 '속이는 자'라고 불렸다. 의로운 사람이었던 롯은 타락한 소돔 땅을 택했다. 그러나 하나님은 믿음으로 하나님께 돌아온 자들을 사용하셨다.

이러한 성경의 인물들을 보면서, 하나님이 당신을 사용할 수 있을 것이라고 아직도 확신이 없다면 다음의 인물들을 살펴보자. 노아는 만취해서 실수를 저질렀다. 삼손은 여인에게 빠졌던 사람이었다. 요나는 하나님으로부터 도망했다. 사가랴는 천사가 아들을 낳을 것이라고 전해준 소식을 믿지 못했다. 예수께서 제자들을 위해 기도할 때 제자들은 깊은 잠에 빠졌다. 마르다는 너무 걱정을 많이 하는 여인이었다. 디모데는 병약하여 위장병을 앓았다. 삭개오는 키가 아주 작은 사람이었다.

예수님 이외의 모든 사람은 결점과 실수투성이의 사람들이다.

당신이 과거의 실수를 회개할 때 하나님은 당신의 모든 허물들을 선(善)을 위해 용서하신다.

> 만일 우리가 우리의 죄를 자백하면
> 저는 미쁘시고 의로우사 우리 죄를 사하시며
> 모든 불의에서 우리를 깨끗게 하실 것이요
>
> 요한서 1:9

당신이 은총을 입어 다시 하나님께 귀한 사람으로 사용되기 까지는 얼마나 걸릴까? 용서는 순식간에 일어난다. 사탄은 당신에게 비난을 퍼붓고 당신이 괴로워하며 하나님께 구걸하도록 만든다. 만일 그 때 당신이 사탄의 말을 듣게 되면 며칠 후 다시 하나님께 회개를 할 것이다: "오, 하나님아버지! 내가 한 짓을 기억하시고 용서하소서! 나는 다시 확실히 용서받았는지 확인하기를 원합니다. 제가 하나님 앞에 얼마나 죄송한지..."

가슴에서 우러나온 회개는 한 번의 사건이다. 하나님께 다시 계속 반복해서 용서를 간구하는 것은 불신앙이다. 하나님은 당신이 죄를 최초에 고백하고 회개했을 때 이미 용서하시고 잊으셨다. 그런데 당신이 하나님께 계속 간구한다면 아마도 하나님은 하늘에서 가브리엘 천사에게 이렇게 말씀하실 것이다.

"이 아이가 뭐라고 간구하는 것이지? 대책이 없구나. 나는 어떠한 것도 기억하고 있지 않은데... 그에 대한 자료를 꺼내 봐라. 그가 다시 기도하는 것처럼 분명히 무슨 일을 저질렀음에 틀림없다."

아마도 가브리엘 천사는 컴퓨터에서 당신의 이름과 자료를 뽑아 낼 것이다. 하나님은 "그가 무슨 일을 저질렀느냐? 너는 그에 관해 무엇을 했느냐?" 라고 요구할 것이다.

가브리엘은 "자료에 의하면, 그는 예수님의 피로 용서함을 받았습니다. 그는 그리스도의 유업을 이미 받은 자이며 하나님을 위한 사신의 역할을 하고 있습니다. 또한 우리는 그를 위해 영광로(The Corner of Glory Avenue)의 할렐루야 거리, 모퉁이에 맨션을 짓고 있습니다. 그에게 어떠한 문제도 없습니다. 우리가 그를 위해 할 수 있는 것이 없습니다!" 라고 대답할 것이다.

당신이 회개할 때 당신은 즉각적인 용서함을 받으며 의롭다고 인정받는다.

> 예수는 우리 범죄함을 위하여 내어줌이 되고
> 또한 우리를 의롭다 하심을 위하여 살아나셨느니라
>
> 로마서 4:25

의롭게 되어짐은(Justified) 마치 내가 아무 일도 저지르지 않은 (Just-as-if) 것처럼 되는 것을 의미한다. 즉 당신이 일단 용서를 간구하여 용서가 이루어지면 하나님은 마치 당신이 죄를 짓지 않았던 것처럼 대하시겠다는 것이다.

당신은 어쩌면 죄 혹은 타락된 삶으로 인해 삶의 결점의 흔적을 가지고 있을 수도 있다. 그러나 그 때가 바로 은총을 받아들여야 할 가장 중요한 시점들 중 하나이다! 집이 가장 어두울 때도 전선을 통해 전력이 그 집에 흐르고 있다. 당신은 다만 불을 켜기 위해 스위치를 작동하기만 하면 된다. 당신이 혹여 어두운 자리에 있을지라도 하나님의 은총은 여전히 당신에게 열려있다. 당신은 단지 믿음으로 은총에 접목하기만 하면 된다.

욥은 그의 삶의 고난 중에도 이렇게 고백한다.

> 생명과 은총을 내게 주시고
> 권고하심으로 내 영을 지키셨나이다
>
> 욥기 10:12

욥은 그의 가족과 소유와 건강을 잃어버린 그 엄청난 고난 속에서도 하나님의 은총과 사랑을 놓치지 않았다. 비록 욥기가 42장으로 이루어졌지만 욥의 고난의 기간이 42년이 걸린 것은 아니다. 대부분의 성경학자들은 욥이 완전히 회복되기 까지는 3개월에서 9개월 정도의 시간이 걸렸다고 본다. 고난의 때의 마지막에 하나님은 말씀하신다.

> 욥이 그 벗들을 위하여 빌매 여호와께서
> 욥의 곤경을 돌이키시고
> 욥에게 그전 소유보다 갑절이나 주신지라
>
> 욥기 42:10

하나님은 욥이 처한 최악의 상황을 은총으로 바꾸셨다. 이러한 일은 당신에게도 가능하다. 하나님은 당신이 겪은 고난에 대해 갑절의 배상을 해주실 것이다. 이미 예수 그리스도의 피로 씻겨진 당신 과거의 죄들이 결코 당신을 하나님의 은총으로부터 끊을 수 없다. 그러나 불신앙은 하나님의 은총을 단절시킨다. 욥과 같이 하나님의 은총을 믿음으로, 은총의 자리로 나아가라.

4. 믿는 것이 보는 것이다

사람들은 "그럴듯한 말씀입니다. 나도 하나님을 믿고 기도하고 교회에 가지만 그러한 종류의 하나님의 은총을 결코 경험해 본 적이 없습니다"라고 말한다.

그들은 왜 하나님의 은총을 경험하지 못했을까? 우리는 하나님의 사랑을 믿기는 하지만 그것이 자신을 위한 것으로 믿지는 않는다. 2장에서 살펴 보았듯이 대부분의 우리들은 과연 우리가 하나님의 은총을 기대해도 되는지를 의심하거나 그것은 특별한 하나님의 자녀만이 누리는 것이라고 생각한다. 당신이 그렇게 생각한다면 하나님의 특별한 사랑을 받을 수 없다. 또한 하나님의 은총에 대해 믿지 않는다면 역시 그것도 받을 수 없다.

"하나님은 내가 어디 있는지 다 알아. 만일 하나님께서 나를 축복하기를 원하신다면 나를 찾아오실 거야. 그러한 것을 보게 되면 나는 하나님의 각별하신 사랑을 믿을 수 있어"라는 태도 또한 하나님의 은총을 받을 수 없다. 하나님 나라는 이러한 방법으로 임하지 않는다. 하나님 나라의 모든 것은 믿음으로 이루어진다. 당신이 구원을 필요로 하기 때문에 구원받은 것이 아니다. 모든 이들에게 구원이 필요하다. 당신이 **구원받은 것은 당신이 구원을 믿었기 때문이다.** 당신이 치유가 필요하기 때문에 치유 받은 것이 아니다. 수많은 사람들도 치유가 필요하다. 당신이 치유 받은 것은 치유를 믿었기 때문이다. 당신이 해방이 필요하기 때문에 해방된 것이 아니다. 역시 많은 사람들이 **악한 영으로부터 자유를 원한다. 당신이 자유케 된 것은 악한 영으로부터 자유케 되는 것을**(deliverance) **믿었기 때문이다.** 하나님의 은총도 마찬가지다. 우리가 하나님의 초자연적인 은총을 믿을 때 우리의 삶 속에서 하나님의 기적적이고 각별하신 사랑을 경험하게 될 것이다.

만일 당신이 육신의 아버지와 관계가 좋지 않았다면 하나님이 당신을 위해 은총을 주실 것이라는 사실을 수용하기 힘들 수도 있다. 대부분의 사람들은 하나님 아버지의 속성을 생물학적인 아버지와 동일시한다. 따라서 육신의 아버지에게 사랑이 없다고 거리감을 느끼게 되면 우리는 하나님 아버지에게도 그렇게 느낀다. 또는 우리가 혹독한 훈련을 받으며 자라왔다면 하나님을 조폭 두목이나 혹은 엄격한 판사처럼 느낄 것이다. 만일 당신이 나쁜 일을 저지르면 하나님이 고문을 가할 것이라고 생각한다. 종종 우리는 부정적인 일, 실망감, 절망감 등을 경험하게 되면 그것은 하나님으로부터 벌을 받거나 심판을 받는 것이라고 생각한다. 그것은 우리를 위한 하나님의 계획이 결코 아니다. 하나님의 은총이 그분의 계획이다. 하나님의 계획은 세상과 하나님 자신을 화해시키고 우리가 지은 죄들을 다시 세어 보지 않는 것이다.

> 내 사랑하는 형제들아 속지 말라 각양 좋은 은사와
> 온전한 선물이 다 위로부터 빛들의
> 아버지께로 내려오나니 그는 변함도 없으시고
> 회전하는 그림자도 없으시니라
>
> 야고보서 1:16-17

성경에서 말씀하시는 "속지말라"라는 경고는 우리들이 쉽게 속을 수 있는 영역을 지적하기 위한 것이다. 야고보서에서 보듯이 하나님 자신이 '각양 좋은 은사'와 '온전한 선물의 근원'이다. 또한 하나님은 변함이 없으신 분임을 말해준다.

그가 그 조물 중에 우리로 한 첫 열매가 되게 하시려고
자기의 뜻을 좇아 진리의 말씀으로 우리를 낳으셨느니라

야고보서 1:18

모든 피조물 중에 당신은 선택된 하나님의 소유이다. 천사보다 조금 못하게 하시고 영화와 존귀로 관을 씌우셨다(시편 8:5). 이것이 우리가 누구인지를 알려 주는 하나님의 말씀이다. 따라서 하나님이 우리에게 말씀하시는 바를 들어야 한다. 하나님의 말씀을 통해 마음의 변화를 받아 그분의 은총을 믿어야 한다. 이것이 우리를 향한 하나님의 뜻이다. 우리는 그것을 믿기만 하면 된다.

예수께서 집에 들어가시매 소경들이 나아오거늘
예수께서 이르시되 내가 능히 이 일 할 줄을 믿느냐?
대답하되 주여 그러하오이다 하니 이에 예수께서
저희 눈을 만지시며 가라사대 너희 믿음대로 되라 하신대

마태복음 9:28-29

제 4 장
믿음이 당신의 입술을 주장하게 하라

위대한 복음전도자인 스미스 위글스워스(Smith Wigglesworth)목사의 나이가 80세를 넘었을 때 어떤 사람이 물었다.

"목사님도 고난의 날들을 겪으셨나요? 겪으셨다면 어떤 느낌이셨나요?" 스미스 목사는 즉각적으로 대답했다.

"나는 결코 스미스 내 자신에게 느낌이 어떤지를 물은 적이 없네. 나는 그에게 느낌이 어떠냐고 묻는다네."

스미스 목사가 80년 평생 동안 수많은 치유와 기적의 사건을 통해 목회를 할 수 있었다는 것은 놀랄 일이 아니다. 그는 이 말씀을 간직했다.

> 죽고 사는 것이 혀의 권세에 달렸나니
> 혀를 쓰기 좋아하는 자는 그 열매를 먹으리라
> 잠언 18:21

스미스 목사는 계속적으로 믿음으로 채워진 입술의 고백을 했다.
우리는 어떠한가? 어떤 종류의 영적 식이요법을 통해 우리의 입술을 지키고 있나?

우리의 말이 삶을 놀랍게 바꿔 놓기 때문에 우리는 자신이 말하는 것을 살펴보아야만 한다. 당신의 가족, 미래, 건강, 재정문제 혹은 하나님의 은총에 관해 뭐라고 말하는가? 당신의 입술의 말들을 녹음기에 녹음하여 하루를 마감할 때쯤 들어봐라. 아마도 자신의 입술로 뱉은 말들 때문에 충격을 받게 될 것이다.

개인적으로 나는 내 말을 녹음할 필요가 없다. 왜냐하면 나와 아내는 처음 사귈 때부터 서로의 말들을 주의하여 듣고 격려와 경고를 해주기로 동의했기 때문이다. 이것은 내게 크게 도움이 되었다. 또한 이것은 아내보다 내게 훨씬 필요했다. 아내는 내가 말로 실수한 것을 어김없이 짚고 넘어간다. 몇 년 동안 나는 우리 교회의 성장 도표를 그려왔다. 1월 달은 교인들 출석률이 좋았다. 2월은 조금 더 나았고 3월과 4월까지 놀랄 만큼 출석률이 좋았다. 그러나 5월 2째 주 정도가 되면 사람들은 화창한 주일날 골프에 미치거나 하루종일 호숫가에서 시간을 즐긴다. 점점 줄어들던 출석률은 뚝 떨어져 버린다. 어느 봄날 나는 아내에게 말했다.

"또 시작되겠다. 교인들이 거의 없는 여름이 오고 있네!"

아내는 되물었다. "당신은 올해도 예년처럼 그렇게 될 것을 기대하나요?" "당신은 정말로 하나님이 그렇게 해주시리라 믿나요? 혹여 그렇다면 당신은 당신이 설교했던 테이프를 들으셔야만 해요. 당신은 이사야 57장 19절 말씀에 대해 설교하셨는데, 너무나 훌륭한 말씀이었지요." 아내는 그 구절을 읊었다.

> 입술의 열매를 짓는 나 여호와가 말하노라
>
> 이사야 57:19

정말로 아내의 말이 맞다! 나는 내 입술의 말들을 긍정적으로 다스릴 필요가 있다. 나는 말의 중요성을 깨닫지 못했다. 하나님의 은총을 체험하기 위해서 첫째로 **하나님의 은총을 기대하고** 둘째로 그 **사랑에 대한 믿음을 갖는** 두 가지 단계를 거쳐야 한다. 그러나 하나님의 **은총을 우리 입술로 고백**하는 세 번째 단계가 절대적으로 필요하다.

1. 말하는 것이 믿는 것이다

만일 당신이 무엇인가를 믿는다면 그 믿는 것을 입 밖으로 말할 것이다. 믿음은 입술의 말을 통해 흘러넘치게 된다. 예수께서 이렇게 말씀하신다.

> 독사의 자식들아 너희는 악하니 어떻게 선한 말을
> 할 수 있느냐 이는 마음에 가득한 것을 입으로 말함이라
>
> 마태복음 12:34

우리 주님은 그의 제자들에게도 역시 이렇게 말씀하신다.

> 가라사대 너희 믿음이 적은 연고니라 진실로 너희에게
> 이르노니 너희가 만일 믿음이 한 겨자씨만큼 있으면
> 이 산을 명하여 여기서 저기로 옮기라 하여도 옮길 것이요
> 또 너희가 못할 것이 없으리라
>
> 마태복음 17:20

당신이 믿음이 있다면 '네' 라고 말할 것이며 그 믿는 바를 '말' 하게 될 것이다. 그러나 우리들은 예수께서 가르쳐 주신대로 '우리의 산들(문제들)에게 꾸짖고 옮겨질 것을 명령' 하는 대신에 '그 문제들에 관해' 말한다. 예를 들면 이렇게 '문제에 관해' 말한다.

"나는 20년 동안 이 문제와 씨름해 왔어. 내 문제는 너무 큰 것이야. 이 문제를 해결하려면 운이 필요할 뿐이야…"

예수님은 우리의 문제들을 '향하여' 없어지라고 말하고 명령하셨지 문제들에 '관해' 말하지 않았다. 우리는 무슨 말을 해야 하는가? 예수님처럼 문제들이 없어지고 바다로 옮겨질 것을 말하라. 사람들은 종종 내게 이렇게 말한다.

"아마도 하나님은 어떤 이유가 있어서 내게 이런 문제를 주셨을지도 모르죠. 아마도 나는 이런 문제를 통해 무엇인가를 배울 수도 있고요."

나의 조언은 항상 똑 같다.

"만일 하나님이 당신 삶에 문제가 있기를 원하셨다면, 당신이 그 문제를 어떻게 제거해야 하는지를 말씀하지 않았을 것입니다."

당신에게 익숙해진 오래된 문제라는 이유 때문에 그것이 당신 삶의 일부라고 수용하지 마라. 분노의 문제가 있는가? 그러면 그 분노를 향해 꾸짖어라.

"나는 예수의 이름으로 분노로부터 해방되었다. 포르노 영화? 나는 예수의 이름으로 포르노 영화로부터 해방되었다. 너희 안에 계신 이가 세상에 있는 이보다 크심이라 (요한1서 4:4)."

당신 안에 있는 삶의 문제가 해결될 것을 **믿고** 당신의 **입술로 고백하라.**

나는 이렇게 실천한 자매를 알고 있다. 그녀에게는 이 문제가 산과 같은 큰 문제였다. 그녀는 오랫동안 담배에 중독되었기 때문에 끊고 싶어도 끊을 수가 없었다. 여러 가지로 노력했지만 헛수고였다. 그 때 잠언 18장 21절 말씀 즉 "죽고 사는 것이 혀의 권세에 달렸나니" 라는 말씀을 기억했다. 그녀는 자신의 문제를 향해 꾸짖기로 결심했고 담배를 그치게 될 것을 입술로 말했다. 매일 아침 잠자리에서 일어나 맨 처음 하는 일은 담배에 불을 붙이는 일이었다. 그러나 불을 켜고 이렇게 말하기 시작했다.

"나는 예수의 이름으로 담배로부터 해방되었다. 나의 몸은 담배를 원하지 않는다. 나의 몸은 그것을 거부한다." 그런 후 담배를 피우곤 했다. 그녀는 하루에 수없이 많은 담배에 불을 붙이고 내뿜으면서 그 말을 반복하곤 했다.

그녀는 얼마동안 지속적으로 이렇게 했다. 어느 날 아침 일어나서 담배에 불을 붙이는데 담배 맛을 느낄 수가 없었다. 담배를 한 모금 피우자 속이 거북하였고 잠시 후 토하게 되었다. 그 날도 늦게 평상시처럼 다시 담배에 불을 붙이면서 선포했다.

"나는 예수의 이름으로 담배로부터 해방되었다. 나의 몸은 그것을 거부한다."

그런데 또 다시 그녀는 속이 거북함과 동시에 위에 통증을 느꼈다. 그 이후로 그녀는 담배를 피울 마음이 생기지 않았다. 하나님은 그녀에게 죽고 사는 혀의 권세를 허락하셨다. 그녀에게 생명은 건강이고 죽음은 담배에 중독된 습관이었다. 그녀는 성경 잠언의 말씀이 이루어질 것을 기대하고, 믿고, 매일 입으로 고백하여 그 결과 중독으로부터 해방되는 자유와 기쁨을 누리게 되었다.

성경은 우리가 믿는 것을 입술로 고백하는 원리들로 풍성하다.

> 그러면 무엇을 말하느뇨 말씀이 네게 가까워
> 네 입에 있으며 네 마음에 있다 하였으니
> 곧 우리가 전파하는 믿음의 말씀이라
>
> 로마서 10:8

믿음의 고백은 어느 한 곳에서만 발생하지 않는다. 만일 믿음의 고백이 오직 당신의 마음에만 혹은 당신의 입술에만 있다면, 그것은 효력이 없다.

믿음의 고백은 두 곳에서 일어나야 한다. 즉 우리의 고백이 마음과 입술에서 동시에 일어나야 한다. 믿음이 당신의 입술을 움직이지 못하면 어떠한 문제도 해결될 수 없다.

계속해서 로마서 10장 9-10절을 보자.

> 네가 만일 네 입으로 예수를 주로 시인하며
> 또 하나님께서 그를 죽은 자 가운데서 살리신 것을
> 네 마음에 믿으면 구원을 얻으리니 사람이 마음으로 믿어
> 의에 이르고 입으로 시인하여 구원에 이르느니라
>
> 로마서 10:9-10

하나님 나라의 모든 일들이 이러한 고백을 통해 성취된다. 하나님은 변하지 않는 영의 말씀으로 우리를 충만케 하신다. 구원 또한 당신의 믿음과 고백으로 이루어진다.

> 그러므로 너희가 그리스도 예수를
> 주로 받았으니 그 안에서 행하되
>
> 골로새서 2:6

우리가 '믿고 고백하여' 구원받는 것처럼 우리는 '믿고 고백하는' 신앙인의 삶을 살아야 한다. 은총또한 같은 원리이다. 은총을 갈망하는 믿음이 당신의 마음과 입술 두 곳에서 동시에 작용한다면 당신은 더욱 큰 은총을 체험하게 될 것이다.

하나님의 은총을 삶 속에서 선포하지 않는 신앙인들은 은총의 온전한 효력을 체험할 수가 없다. 우리는 하나님을 위해 산다고 생각할지도 모른다. 혹은 기도하고 성경을 읽으며 교회에 다닐 것이다. 그러나 우리가 하나님의 은총을 입술로 선포하고 고백하지 않기 때문에 초월적인 하나님의 은총을 체험하지 못하는 것이다. 그것은 마치 총을 갖고 있으나 방

아쇠를 당기지 않는 것과 마찬가지다. 결국 아무 일도 일어나지 않게 되고 총은 쓸모없는 것이 되고 만다. 총을 쏘기 위해서는 방아쇠를 반드시 당겨야만 한다.

하나님의 풍성한 은총을 누리기를 원한다면 당신은 마음으로 믿어 고백해야만 한다. 일 년 365일 동안 매일 아침 일어날 때마다 믿음으로 입술을 움직여야만 한다. 신구약성경의 기자들은 당신이 믿는 것을 선포해야 하는 필요성을 증거한다.

> 내가 믿는 고로 말하리라
> 내가 큰 곤란을 당하였도다
> 시편 116:10

> 우리도 믿는 고로 말하노라
> 고린도후서 4:13

구약성경 한 곳을 살펴보자.

> 네가 무엇을 경영(선포)하면
> 이루어 질 것이요 네 길에 빛이 비취리라
> 욥기 22:28

이 말씀을 한마디로 요약하면 다음과 같다. '당신이 기대하고 믿는 하나님의 은총에 대해 고백하면 하나님은 그것을 이루실 것이며 너를 위해

하나님의 은총의 빛을 비춰신다.'

입술의 고백을 통하여 당신의 믿음과 하나님의 은총을 붙잡으라. 하루를 시작하는 기도를 이렇게 드려라.

"하나님! 오늘도 방패로 호위하듯이 당신의 각별한 사랑으로 나를 보호하여 주심을 믿고 감사드립니다. 어쩌면 닫혀 있을지도 모르는 문들을 나를 위해 열어주실 것을 믿고 감사드립니다. 그리고 사람들이 나를 돕도록 하심을 믿고 감사드립니다. 오늘도 내가 하나님의 방법으로 일을 결정할 때, 나의 원수에게도 평안을 주소서. 왜냐하면 하나님은 너무나 좋으신 분이시며 당신이 값없이 주신 은총들이 오늘의 삶을 풍성케 하실 것이기 때문입니다."

2. 당신 자신의 말이 아니라, 하나님의 말씀을 고백하라

사람들이 문제 해결을 위해 믿음을 극단적으로 고백할 때 문제가 종종 해결되기도 한다. 우리는 모든 종류의 일들을 고백한다. 그러나 나는 모든 종류의 일들을 위한 극단적 고백은 피해야 한다고 믿는다. 우리는 하나님께 순복하는 자들이다. 하나님이 우리의 요구들을 들어 주시도록 강요할 수 없다. 우리는 하나님께 명령할 수 없으며 그분이 해야 할 일을 제시할 수도 없다. 우리는 그분을 조정할 수 없다. 그러한 일은 비성서적이다.

성경은 하나님이 그의 말씀하신 바를 틀림없이 지키신다고 말씀하신다.

> 여호와께서 내게 이르시되 네가 잘 보았도다
> 이는 내가 내 말을 지켜 그대로 이루려 함이니라
>
> 예레미야 1:12

　이때 확실히 알아야 할 것은, 성서적인 고백을 위한 열쇠란 **우리 자신의 말이 아닌 하나님의 말씀을 고백하는 것이다.** 고백한다는 것은 '시인한다' 혹은 '공언한다' 라는 뜻이다. **당신이 무엇인가를 위해서 믿음으로 고백한다는 것은 하나님께서 하실 일에 동의한다는 것이다.** 당신은 신실하신 하나님이 말씀하시는 것과 동일한 것을 고백해야 한다. 당신은 마음속에 떠오르는 것이라면 무엇이든지 이름을 부르거나 요구할 수 없다. 예를 들면, "나는 유전(油田)을 갖게 될 꺼야" 라고 말할 수 없다. 하나님이 그것을 주실 것이라는 기대를 할 수도 없다. 하나님은 그분의 말씀으로 석유가 묻힌 곳을 약속해 주시지 않았기 때문에 그런 말을 한다는 것은 하나님의 말씀에 일치하지 않는 것이다. 그러나 우리는 하나님의 자녀로서 그분이 말씀으로 주신 약속에 일치하는 요구를 할 수 있다. 그리고 하나님이 그것을 이루실 것을 기대할 수 있다. 바로 이것이 우리가 해야 할 일이다. 이러한 이해를 바탕으로 믿음이 당신의 입술을 움직이도록 해야 한다. 하나님의 말씀의 약속들을 찾아내고 당신의 삶에 대한 그러한 약속들을 입술로 간구하라. 하나님은 그분의 각별한 사랑으로 당신을 감싸 주신다고 말씀하신다. 따라서 하나님의 약속을 믿고 구하는 기도를 하라. 하나님은 예수님이 당하신 고통을 통해 당신을 치유하신다. 그러므로 주님의 고통이 당신의 육체적 치유를 위한 약속임을 시인하라.

　주님을 따른다면 우리는 평화를 얻게 될 것이다. 또한 우리는 하나님과 사람 모두에게 '더욱 사랑 받는 자'가 될 것을 기대해야 한다. 하나님의 말씀에 합한 입술의 고백은 하나님의 계획 속에서 성취될 것이다.

> 하나님의 약속은 얼마든지 그리스도 안에서
> 예가 되니 그런즉 그로 말미암아
> 우리가 아멘하여 하나님께 영광을 돌리게 되느니라
> 고린도후서 1:20

어떤 사람들은 소위 믿음의 '공식'이라는 잘못된 시도와 적용으로 인해 기대했던 해답을 얻지 못해 실망할지도 모른다. 사실 하나님의 말씀에 합한 하나님의 약속들 혹은 그분의 은총을 **기대하고, 믿고, 고백하는 것은 하나의 공식이 아니다.** 이 문제에 대해서는 다음 장에서 자세히 살펴볼 것이다.

믿음은 1,2,3단계를 단순히 행하고 4단계에 가서 무엇인가를 요구하는 그런 문제가 아니다. 또한 하나님이 우리의 모든 일시적인 요구들을 수행하시도록 조정할 수 없다. 그러나 대조적으로 하나님 나라의 구원과 영적 원리들은 하나님이 정하신 단순함 속에서 놀랍게 이루어진다.

히브리서는 "하나님이 거짓말 하실 수 없는.."(히브리서 6:18) 분이라고 말씀하신다. 그러므로 하나님이 무엇인가를 정하셨다면 그분이 그것을 행할 것이라고 확신할 수 있다.

이사야서 57장 19절에서 하나님은 자신을 "입술의 열매를 짓는 나"라고 말씀하셨다. 따라서 하나님은 우리의 말을 지켜보길 원하신다. 우리의 입술의 말들은 무엇인가를 담고 있는 그릇과 같은 것이다. **우리의 말**

들은 마음에서 나오는 믿음의 씨앗을 담아낸다.

하나님은 믿음의 씨앗이 열매를 맺도록 해주신다. 그렇다면 이러한 질문이 따른다. 우리는 어떠한 종류의 씨앗을 심어야 하는가? **'죽고 사는 것이 혀의 권세에 달렸고, 하나님이 우리 입술의 열매를 지은 분'** 이시다. 따라서 우리는 우리 입술의 말들이 썩은 열매가 아니라 좋은 열매를 맺을 수 있도록 해야 한다.

3. 하나님의 말씀을 먹으라

"당신은 어쩌면 당신이 뱉은 말의 열매를 먹어야 할지도 모르니, 말하는 것을 조심하라!"는 말이 있다. 만일 우리의 생각을 말로 강하게 주장해야 할 경우가 있다면 나쁜 맛을 내는 언어는 삼가 해야만 한다.

말에도 미각이나 혹은 맛이 있는가? 나는 달콤한 말을 하려고 노력한다. 왜냐하면 결국 나는 내가 뱉은 말의 열매를 먹게 될 것이며, 하나님이 지으신 입술의 열매를 거둬들일 것이기 때문이다. 스미스 위글스워스 목사처럼 우리도 선한 일들을 위해 우리의 말로 믿음의 씨를 심을 수 있다. 혹은 악한 일을 위해 믿음의 씨를 심을 수도 있다. 우리 마음의 내면에 있는 것이 말로 표현된다. 예수님은 이렇게 말씀하신다.

> 선한 사람은 그 쌓은 선에서 선한 것을 내고
> 악한 사람은 그 쌓은 악에서 악한 것을 내느니라
> 마태복음 12:35

만일 악한 말이 입에서 나왔다면 그 사람은 어떤 입술의 열매를 거두기를 기대해야 하는가? 끊임없이 부정적인 소식들만 내뱉는 사람은 곧 자신의 영혼이 절망감에 빠지는 것을 알게 된다. 그런 부류의 사람들은 주로 이렇게 말한다.

"내가 항상 제일 먼저 해고 될거야. 나는 아마도 부도나서 집도 넘어가고 재정적 위기가 곧 닥칠거야."

실제로 고용주는 징징거리는 사람부터 제일 먼저 해고하게 된다. 혹은 이렇게 불평하는 사람이 있다.

"내가 50살이 되면, 나의 건강 상태는 곤두박질 칠지도 몰라. 허리도 아프고 무릎도 아프거든. 아마도 20년 후에는 휠체어를 타게 될 거야."

이렇게 불평하는 사람은 일찌감치 휠체어를 사 두는 편이 낫다. 왜냐하면 이런 사람들은 살면서 스스로에게 그렇게 될 것을 기대하고 말하기 때문이다. 부정적인 말들은 우리가 원하지 않는 결과를 초래한다. 심지어 부정적인 말들은 사탄이 우리의 삶을 파멸 시키도록 기회를 준다.

반면 좋은 소식들을 전하는 사람은 축복받은 풍성한 입술의 열매를 거두게 된다.

예배를 마친 후 이혼하고 혼자서 아이를 키우는 한 여성이 내게 찾아왔다. 그녀의 일터는 믿기 어려울 만큼 어렵고 안정적이지 못했다. 그러나 이 성도는 하나님의 말씀에 합한 말을 하면서 입으로 선한 씨앗을 심었다. 그녀는 하나님의 은총이 자신을 돌보고 있음을 매일 입술로 이렇게 고백하기 시작했다.

"하나님은 나에게 축복만을 주신다."

결국 하나님은 은총을 그녀에게 베푸셨고 1200만원의 연봉에서 4000만원의 연봉을 받게 해주셨다고 했다.

"자매님의 말이 맞습니다! 그것이 바로 하나님의 은총입니다."

나는 그녀를 격려해 주었다. 그 성도는 어디를 가든지 그것을 간증하며 선포했다. 그녀를 통해 하나님 나라의 선포와 찬양이 흘러 넘쳤다. 그 성도가 승리의 길을 걸을 수 있었던 것은 자신의 입술의 말을 하나님의 말씀으로 다스려야 하는 법을 알았기 때문이다.

요한계시록 12장 11절은 그녀처럼 승리자가 될 수 있는 두 가지 필수적인 요인들을 알려 준다.

> 또 여러 형제가 어린양의 피와 자기의
> 증거하는 말을 인하여 저를 이기었으니
> 그들은 죽기까지 자기 생명을 아끼지 아니하였도다
>
> 요한계시록 12:11

승리를 위한 한 가지 비결은 하나님의 몫이다. 즉 어린양의 피와 사탄의 패배이다. 승리를 위한 나머지 비결은 우리가 해야 할 몫인데, 예수 그리스도가 우리를 피 값으로 사셨음을 인정하는 우리의 고백과 간증이다. 예수님의 피 값으로 우리가 구속되었음을 입술로 고백할 때 우리는 구원, 치유, 회복과 은총을 누리게 될 것이다. 병약한 고령의 노인이 되어 휠체어에 앉아 있는 우리 자신의 모습을 상상하기보다는 '독수리같이 새롭게 된 청춘' (시편 103: 5)의 우리를 생각해 보라.

> 네 빗장은 철과 놋이 될 것이니
> 네 사는 날을 따라서 능력이 있으리로다
>
> 신명기 33:25

내가 80살이 되면 나는 여전히 아침마다 조깅을 할 것이며 남은 날 동안 강건할 것이다. 왜냐하면 나는 내 생이 다하도록 건강을 위해 믿음으로 고백할 것이기 때문이다. 나는 이렇게 고백한다.

"나는 주님과 그분의 능력 안에 있으므로 강합니다. 하나님은 나의 빛이요 구원이십니다. 나의 평생에 선하심과 인자하심이 나를 따르리니 내가 여호와의 집에 영원히 거하리로다."

당신은 무엇을 고백하며 사는가? 당신 삶의 대부분의 경험은 입술의 말에 의해 결정된다. 당신은 하나님께서 길을 여시도록 준비할 수 있다. 아니면 당신이 뱉은 말이 그분의 인도하심을 방해할 수도 있다. 이사야 선지자는 세례요한에 대해 이렇게 예언했다.

> 광야에 외치는 소리가 있어 주의 길을 예비한다
>
> 이사야 40:3

세례요한처럼 당신의 목소리로 주의 길을 예비하라. 이것은 마치 당신이 심은 씨를 걷어들이기 위해 기다리는 것과 같다. 당신이 정원에 오이를 수확하기 위해 오이씨를 심거나 옥수수를 수확하기 위해 옥수수씨를 심는 것과 마찬가지로 은총을 수확하기 위해 은총을 갈망하는 씨를 심는 것이다. 당신이 육적으로 혹은 영적으로 무엇을 심든지 그것의 결과를 맞이하게 된다. 만일 질병과 절망과 고통과 수많은 부정적인 일들을 입술로 시인하는 씨를 심었다면 당신은 그 열매를 거둘 것이다. 부정적인 말을 하지 않는 사람은 긍정적인 삶의 열매를 거두게 된다.

우리의 영적인 알곡은 우리가 심은 '씨들'의 종류에 따라 열매를 맺는다. 입술의 말에 따라 우리는 성공 혹은 실패를, 또는 승리 혹은 패배를 맛볼 것이다. 하나님은 은총을 우리에게 주시길 원하시지만 우리의 말이 그것을 방해 할 수도 있다. 아니면 이렇게 말할 수 있다.

"은총의 하나님은 나의 매일의 삶을 바꾸신다. 나는 성공하며 승리할 것이다. 내가 오고 가는 어떤 길이든 축복받을 것이다. 왜냐하면 그분의 은총이 방패처럼 나를 보호하시기 때문이다."

만일 우리가 하나님의 은총, 축복, 풍성함을 위하여 씨를 뿌린다면 그 모든 열매를 거두게 될 것이다.

4. 고백과 도미노 (Domino) 효과

우리의 부정적이거나 긍정적인 말의 영향력은 우리가 생각했던 것보다 훨씬 크다. 우리의 말들은 다른 사람의 삶까지 파장을 일으키는 도미노 효과를 지닌다. 당신의 가장 즐거웠던 기억들 혹은 가장 고통스러웠던 기억들을 생각해 보자. 누군가가 당신에게 무심코 던진 의미있는 말도 기억으로 남아 있을 것이다. 아마도 부모나 선생님은 당신을 격려했을 것이다. 그들은 당신을 믿어 주었고 목적을 성취하도록 용기를 북돋아 주었을 것이다. 혹은 그들로부터 당신은 가치 없는 존재라거나 별것도 아니라는 소리를 들으면서 성장했을지도 모른다. 따라서 당신은 '**상처받은 말**' 들로부터 회복되는 데 수 많은 노력과 시간을 낭비했을 것이다. 당신은 다른 사람들이 던진 한마디의 말로 인해 엄청난 용기를 얻었거나 커다란 절망을 경험했을 것이다.

부정적인 말들로 인한 도미노 효과를 예방하기 위해 성경은 '말의 힘'을 어떻게 다루어야 되는지를 말해준다. 사람들이 소리치는 함성과 함께 여리고 성벽이 무너진 이야기를 회상해 보자. 큰 소리가 힘이 있다는 것은 의심할 여지가 없다. 그러나 나는 **함성 전에 있었던 침묵에 더 큰 위력이 있다고 믿는다.**

여호수아와 이스라엘 백성들은 여리고 성 밖에 진을 치고 있었다. 하나님은 여호수아에게 그 성을 그들의 손에 넘기겠다고 말씀하셨다. 그 성은 철통같았고 이스라엘은 승리의 약속을 기대할 수가 없었다. 그러나 하나님은 한 계획을 갖고 계셨다. 언약궤 앞에서 일곱 양각(羊角) 나팔을 잡은 일곱명의 제사장들을 따라 여호수아와 병사들이 성 주위를 6일 동안 하루에 한번 돈다. 칠일 째가 되어 그들이 성 주위를 일곱번 돌게 되면 긴 양각 나팔 소리를 들은 모든 백성들이 소리를 지른다.

>제사장들이 양각 나팔을 길게 울려 불어서
>그 나팔 소리가 너희에게 들릴 때에는
>백성은 다 큰소리로 외쳐 부를 것이라
>그리하면 그 성벽이 무너져 내리리니
>백성은 각기 앞으로 올라갈지니라 하시매
>
>여호수아 6:5

성을 무너뜨리기 위한 하나님의 계획은 이상하게 들렸을 것이고 현명한 지도자였던 여호수아는 그것에 관해 소문이 무성할 것을 알아챘다. 여호수아는 처음부터 부정적인 말의 싹을 잘라내기로 결심했다.

>여호수아가 백성에게 명하여 가로되
>너희는 외치지 말며 너희 음성을 들레지 말며
>너희 입에서 아무 말도 내지 말라 그리하다가
>내가 너희에게 명하여 외치라(out of your mouth)
>하는날에 외칠지니라 하고
>
>여호수아 6:10

여호수아는 마지막 외치는 그 순간까지 어째서 절대적인 침묵을 명했는가? 성벽 주위를 제사장들과 함께 매일 돌다 보면 강하고 높은 성벽을 바라보면서 결국 병사들은 이런 말을 하기 시작할 것이다.

"내 생애에 이렇게 멍청한 짓은 처음이야!"

혹 어떤 병사는 이렇게 말했을 지도 모른다.

"칠일 동안 이 성벽 주위를 돈 다음 소리를 질러? 이것은 적들에게 비웃음 거리만 될 뿐 아무 효력이 없어".

다른 이들도 비웃으며 맞장구를 쳤을 것이다.

"맞아! 성벽을 계속 돌게 되면 적들은 무진장 무서워 할 걸? 특히 무기를 사용하지 않고 소리만 지르는 우리를 보면서 말야".

어떤 병사는 이렇게 말했을 것이다.

"계속 성벽을 도는 것은 너무나 어리석은 일이야. 무엇인가를 해야 되지 않겠어? 우리 나가서 싸우자!"

그러한 종류의 말들은 여리고 성을 함락하는데 도움을 주지 못하고, 오히려 사람들을 무력하게 만드는 부정적인 도미노 효과를 일으켰을 것이다. 불순종한 이스라엘 백성들은 적들의 손에 죽었을 것이다. 성벽을 무너뜨리는 하나님의 계획은 이상하긴 했지만 훨씬 효과적인 것이었다. 여호수아는 함성을 지를 그 순간까지 병사들의 침묵이 가장 중요하다고 믿었다.

우리는 가끔씩 입술에 지퍼를 채워야 하거나 아무 말도 하지 말아야 할 필요가 있다. 부정적인 말들은 우리와 우리 주위의 사람들에게 부정적인 영향을 준다. 우리는 어릴 적에 이러한 금언을 수 없이 들었을 것이다.

"만일 당신이 무엇인가 좋은 말을 할 수 없다면 차라리 아무 말도 하지 마라"

나는 어렸을 적 분명히 이런 격언을 들었다. 이 격언을 다시 한번 생각해 보라. 만일 입술의 말에 위력이 없다면 이런 격언이 필요하지 않았을 것이다.

성경의 다른 곳에서도 역시 침묵의 중요성을 말해주는데 그 예로 사가랴의 경우를 들 수 있다. 하나님은 사가랴의 말을 막아 잠시 벙어리로 만드신다. 사가랴는 제사장이었고 그 전례를 따라 제비를 뽑아 주의 성소에 들어가 분향했다. 사가랴가 그의 직무를 행하는 동안 천사가 나타나 말했다.

> 천사가 일러 가로되 사가랴여 무서워 말라
> 너의 간구함이 들린지라 네 아내 엘리사벳이
> 네게 아들을 낳아 주리니 그 이름을 요한이라 하라
> 너도 기뻐하고 즐거워할 것이요
> 많은 사람도 그의 남을 기뻐하리니
> 누가복음 1:13-15

평생 자녀가 없었던 사가랴와 엘리사벳 부부에게 이것은 너무나 놀라운 소식이었다. 사가랴는 기쁨으로 천사가 전한 소식을 받아들이기보다는 오히려 의심스러운 고백을 한다.

> 사가랴가 천사에게 이르되 내가 이것을 어떻게 알리요
> 내가 늙고 아내도 나이 많으니이다
> 누가복음 1:18

사가랴의 이러한 반응은 가브리엘 천사의 호의를 얻지 못했다. 사가랴는 그의 입술로 의심의 말을 퍼트리는 기회를 전혀 허용받지 못했다. 그는 세례요한이 탄생하는 날까지 말을 잃은 상태로 지냈다.

사가랴의 침묵은 귀한 교훈을 준다. 왜냐하면 사가랴는 그 사건으로 인해 하나님의 말씀에 응답하는 법을 배웠기 때문이다. 마침내 그의 혀가 풀렸을 때 사가랴는 말로 하나님을 찬양하였다. 긍정적인 말들은 부정적인 말보다 많은 사람들에게 더 많은 도미노 효과를 끼친다. 또한 긍정적인 말은 훨씬 나은 결과를 낳는다.

> 사람은 그 입의 (적절한) 대답으로 말미암아
> 기쁨을 얻나니 때에 맞는 말이 얼마나 아름다운고
>
> 잠언 15:23

우리는 좋은 말들로 우리 주위에 기쁨이 퍼져 나가게 할 수 있다.

나는 우리 교회의 부교역자 중 한 사람인 베르니 목사에게 늘 고마운 마음을 갖는다. 왜냐하면 그는 의도적으로 나에게 기쁘고 긍정적인 영향력을 끼치기 때문이다. 우리가 처음으로 교회를 이전했을 때 교회재정의 거의 50%가 교회건물 부채를 갚기 위해 지출되었다. 그러나 하나님이 교회에 대한 꿈을 주셨기에 우리를 향하신 하나님의 은총을 계속 간구했다. 나는 교회의 재정 문제로 인해 크게 심려하지 않았지만 조금은 불안감을 느꼈다. 가끔씩 나는 교회의 재정담당 사무실에 가서 묻곤 했었다.

"잘 진행 되나요?"

베르니 목사는 나의 반복되는 질문을 눈치채고는 나를 위해 사무원에게 특별한 지시를 했다.

"듀앤 목사님이 매번 오셔서 '잘 진행 되냐'고 물으시면 '목사님! 우리는 일을 멋지게 처리하고 있습니다. 다 채워졌습니다!' 라고 활짝 웃으면서 대답하시오."

매주 월요일에 내가 재정담당 사무실에 들를 때마다 베르니 목사의 사무원은 활짝 웃으며 인사를 한다.

"잘 진행 되나요?" 라고 내가 물으면 그 사무원은 대답했다.

"우리는 재정이 넘칩니다. 아주 충분합니다!"

그 방을 걸어 나올 때 나는 마치 백만 달러가 있는 방을 다녀오는 느낌이 들었다. 나는 베르니 목사로 인해 우리의 재정에 관해 마음의 평안을 느끼며 주중에 목회에 전념할 수 있었다.

베르니 목사는 재정에 대한 하나님의 은총을 믿고 시인하며 선포했다. 그리고 그는 자신 뿐 아니라 다른 사람들도 격려해 주었다. 우리가 고백하는 만큼 하나님의 은총은 넘치게 되어 교회 건물의 지출이 장기간 지속되는 동안에도 매주 마다 재정이 채워짐을 경험하게 되었다. 매년 교회 재정이 균형을 이루고 흑자를 유지하는 지금도 여전히 베르니 목사는 재정담당을 맡고 있다. 지금도 매번 추가된 재정 상황을 묻기 위해 그의 사무실에 머리를 내밀면 베르니 목사는 이렇게 말한다.

"우리는 재정이 넘칩니다 목사님! 아주 충분합니다."

제 5 장
은총은 공식이 아니다

　구원을 받기 위해서는 신학학위가 요구되지 않는다. 대신에 어린 아이처럼 단순한 믿음만 있으면 구원을 받게 된다. 하나님의 은총을 받는 것도 구원과 마찬가지로 성경을 잘 이해하는 사람들에게만 국한 되어 있지 않다. 하나님의 은총을 믿고 고백하는 사람이면 누구나 은총을 체험할 수 있다.

　그러나 하나님의 은총을 받으려면 아주 단순한 몇 가지 조건이 있다. 그것은 마술처럼 '하나, 둘, 셋' 외치면 자동적으로 얻게 되는 도식화된 것이 아니다. 신앙인이라면 누구나 하나님의 은총의 온전한 유익함을 체험할 수 있다. 이러한 체험은 성숙의 시간을 요구한다. 마침내 예수님은 하나님과 사람들에게 더욱 사랑받는 자가 되셨다.

　하나님의 은총 안에서 성장하는 것은 근육을 단련시키는 것처럼 몇 가지 성숙의 과정이 필요하다. 우리 몸은 모든 근육이 이미 자리잡고 있다. 그러나 이 근육들이 강하게 단련되는 것은 다른 차원의 문제이다. 단단한 근육은 자동적으로 만들어 지는 것이 아니다. 특히 다소 앉아서 하는 일이 많은 현대사회 속에서 대부분의 우리들은 기력없고 쉽게 피로를 느끼는 근육을 지니고 있다. 우리는 신체적으로 더 강해 질 수 있지만 과중

한 일들로 인해 운동을 하지 못한다. 우리는 몸을 위해 운동을 해보려고 하지만 한 시간 정도의 운동조차도 힘겨워 하는 자신의 몸을 보게 된다.

은총 또한 운동과 마찬가지다. 이미 당신이 필요로 하는 하나님의 모든 은총이 당신을 감싸고 있다. 그러나 대부분의 우리들은 은총의 출발점인 구원에 머무는 것으로 만족해한다. 하늘나라를 향하고 있다고 안도의 숨을 내쉬지만 우리의 구원이 완수되기 까지 전력을 다하지 않는다. 영적인 성장 대신에 다른 사람들이 우리를 돌봐 주고 말씀을 먹여 주기를 원하는 영적인 어린 아이로 머물러 있다. 그 때 다른 동료들이 하나님의 은총을 넘치게 받게 되면 자신은 좌절감을 느낀다.

우리는 은총의 최고 절정을 경험하기 위해서 영적인 무장을 단단히 해야 한다. 우리는 은총의 원칙으로 자신을 훈련해야만 한다. 또한 일상의 삶 속에서 은총의 원칙을 실천하기 위해 우리 자신을 단련시켜야 한다.

1. 일상의 일을 통해 은총이 풀어지게 하라

오래전 우리 부부는 하나님의 일을 더 잘 감당하기 위해 건강에 관심을 갖기 시작했다. 우리 부부는 규칙적인 운동을 하기로 했다. 6일 동안 조깅, 자전거, 수영, 혹은 역기를 들기도 하고 다양한 운동으로 체력을 단련하기도 했다. 우리 부부는 그 후로 지금까지 여러 해 동안 꾸준히 운동을 해 왔다. 매일 운동을 하는 것은 건강에 많은 도움을 준다. 그러나 매일 조금씩 운동하는 것이 너무 귀찮아서 한 달을 거르기로 결심했다고 가정해 보자. 그 후, 한 달 동안 하지 못한 것을 만회하기 위해 하루 동안에 300마일을 뛰고 20마일을 수영하고 700마일을 자전거를 타고 더 무거운 역기를 들어본다고 해 보자. 이러한 운동은 나의 건강에 결코 도움이 되지 못할 것이다.

이처럼 매일매일 지속적으로 하는 운동이 건강에 도움을 준다. 몸을 위해 지속적으로 운동을 하는 것처럼 우리의 영적인 성장도 지속적인 노력이 필요하다. 대부분 크고 중요한 사건들이 우리 삶에 영향을 끼치기도 하지만, 일상의 사소한 일들이 우리 삶에 훨씬 더 큰 영향을 미치기도 한다.

당신이 하나님과의 강한 유대관계를 통하여 그분의 은총을 누리며 자신을 건전하게 지켜나갈 수 있는 5가지의 필수적인 습관들을 제안하겠다.

1) 6일 동안 몸을 위해 운동을 한다.
2) 매일매일 가족들에게 사랑이 담긴 용기의 말을 해주거나 다정하게 손을 잡아주거나 포옹을 해준다. 이러한 정서적이고 신체적인 접촉을 통해 신뢰의 관계를 형성한다.
3) 매일매일 정기적으로 책을 읽는다. 교육은 평생 교육이다. 학교교육 이후에도 계속적으로 해야만 한다.
4) 매일 기도한다. 기도는 생명력있는 습관 중 하나이다. 이것은 형식적인 기도를 기계적으로 반복하는 것이 아니라 마음으로부터 하나님과 직접적인 대화를 하는 것이다.
5) 매일 매일 성경을 읽는다. 이것은 나의 삶에 최우선 순위다. 나는 구원받은 이후로 성경읽기를 하루도 거르지 않기로 결심했었다. 지금까지도 성경읽기를 통해 하나님께 헌신의 모습을 드리고 있다.

여호수아 1장 8절을 묵상 해보자.

> 이 율법책을 네 입에서 떠나지 말게 하며
> 주야로 그것을 묵상하여 그 가운데 기록한 대로 다 지켜 행하라
> 그리하면 네 길이 평탄하게 될 것이라 네가 형통하리라
>
> 여호수아 1:8

하나님의 은총을 받는 것이 형통한 삶을 살 수 있는 비결이며 성공을 소유하게 한다. 이러한 축복은 매일의 삶 속에서 하나님 말씀의 깨달음을 통해서 이루어진다.

믿음이 어떻게 오는지를 생각해보라.

> 그러므로 믿음은 들음(by hearing)에서 나며
> 들음은 그리스도의 말씀으로 말미암았느니라
>
> 로마서 10:17

믿음은 과거 시제인 '들었던 것' (having heard)으로 부터 생기는 것이 아님을 주목해라. 믿음은 현재 시제인 '듣는 것 (hearing), 즉 계속적으로 듣는 것으로부터 생긴다.

영적인 강건함과 하나님의 은총에 대한 믿음을 굳게 하기 위해서는 하나님 말씀을 계속적으로 들어야 한다. 그러나 우리는 똑같은 성경 구절

을 한 번, 열 번, 혹은 백 번을 읽지 못한다. 따라서 그 속에 담긴 우리를 위한 하나님의 계시를 받을 수도 없다. 일주일에 교회에 한 번 가서 말씀을 듣는 것으로는 충분치 않다. 매일 성경읽기를 통해 하나님의 말씀을 마음에 새겨야 한다.

당신이 매일 성경읽기를 통해 하나님께 헌신의 시간을 드린다면 이미 하나님의 은총을 받고 있다는 증거이다. 또한 자신감과 평화로 가득 차게 될 것이다. 하나님이 당신에게 주시려는 은총의 많은 유익함 - 즉 치유받고, 형통한 길로 인도함 받는 것 - 등을 체험하기 시작할 것이다. 하나님은 우리의 정체성, 즉 하나님의 자녀임을 깨닫게 해주신다. 주야로 하나님의 말씀을 묵상하게 되면 말의 습관이 바뀐다. 사람은 말을 통해 마음에 가득한 것을 입으로 말한다(누가복음 6:45).

만일 우리가 하나님 말씀을 충분히 묵상하지 않는다면 하나님의 뜻에 거스르는 말들이 입으로 새어 나오게 된다. 하나님이 베푸시는 은총, 승리, 평화, 그리고 많은 축복에 대한 충만한 기대감이 필요하다. 하루하루 살면서 말씀을 통하여 당신의 믿음을 굳세게 하라. 또한 이미 제시한 기도생활과 나머지 습관들을 지키라. 그리하면 일상의 사소한 일을 통해 당신은 하나님의 은총을 누리게 될 것이다. 우리가 일상의 작은 일들을 바꾸어 나갈 때 우리의 삶은 변화될 것이다.

구약성경의 다니엘을 생각해 보자. 다니엘도 요셉처럼 포로생활 속에서 성장했고 왕에게 가장 신뢰받는 관료가 되었다. 다니엘이 매일의 일상생활에서 한 일들이 그를 위대하게 만들었다. 성경은 그의 일상의 습관을 말해준다.

> 다니엘이 이 조서에 어인이 찍힌 것을 알고도
> 자기집에 돌아가서는 그 방의 예루살렘으로 향하여
> 열린 창에서 전에 행하던 대로 하루 세 번씩 무릎을 꿇고
> 기도하며 그 하나님께 감사하였더라
>
> 다니엘 6:10

다니엘은 왕의 명령이 내려진 것을 알면서도 기도했다. 그 날 부터 30일 동안 왕 외에 어느 신에게나 사람에게 무엇을 구하는 자는 사자 굴에 던져 넣기로 되어 있었다.

다니엘은 그의 매일의 기도생활이 얼마나 생명력이 있는 것인지 알았기에 그의 삶이 위험함에도 불구하고 하나님과의 살아 있는 관계성을 유지하였다. 그는 실제로 사자 굴에 던져졌지만 하나님의 천사가 사자의 입을 막아 주었다. 다니엘은 살아났고 대신 그를 고소하던 자들이 사자의 밥이 되었다.

다니엘은 하나님과 왕에게 각별한 사랑을 받았다. 왕이 다니엘을 벌 준 다음날에 사자 굴 밖에서 외치는 것을 보자.

> 사시는 하나님의 종 다니엘아 너의 항상 섬기는
> 네 하나님이사자에게서 너를 구원하시기에 능하셨느냐?
>
> 다니엘 6:20

물론 다니엘은 '네' 라고 대답했다. 그러나 여기서 주목해야 할 것은 그 나라 최고의 왕조차도 다니엘이 꾸준히 하나님을 섬기는 사람임을 알

Unleashing the Force of Favor

고 있었다는 것이다.

다니엘은 포로 생활의 첫날부터 하나님을 영화롭게 하기위해 하나님의 말씀을 따르는 삶을 살았다. 그가 처음 왕의 궁전에 왔을 때 왕의 진미와 포도주로 자신을 더럽히지 않기로 이미 마음을 정했다. 다니엘은 그의 몸을 관리함으로써 강건하였던 것을 주목하라. 왕의 진미는 모세의 율법에 어긋날 뿐 아니라 건강식품이 아니었다. 예를 들면 치즈케익을 매일 먹어야 한다고 상상해 보라. 다니엘과 친구들은 단지 채소와 물만 먹는 식이요법으로 자신들을 시험해 보라고 음식담당 관원에게 요청했다(다니엘 1:8-21). "하나님이 다니엘로 환관장에게 은총과 긍휼을 얻게 하시어"(다니엘 1:9). 다니엘의 요구가 관철되었다. 다니엘과 그 친구들은 채식과 물을 먹게 되었고 왕의 기름진 진미를 먹은 어떤 누구보다도 얼굴이 건강하고 윤택해짐이 증명 되었다.

하나님은 다니엘과 그의 친구들에게 건강 뿐 아니라, 지혜와 학식을 뛰어나게 해주셨다. 특히 다니엘에게는 꿈과 하나님의 뜻을 이해하는 능력까지도 주셨다.

모든 마지막 훈련의 관문에서 왕은 이스라엘 청년들이 "그 지혜와 총명이 온 나라 박수와 술객보다 십 배나 나은 줄"을 알게 된다(다니엘 1:20). 다니엘이 중요하게 여겼던 일상의 기도습관은 하나님과 사람에게 모두 은총을 받게 하였다. 다니엘과 그의 친구들은 같이 훈련 받던 젊은 이들보다 열 배나 지혜롭고 탁월한 자들이 되었다. 심지어 왕조차도 많은 사람 중에서 다니엘의 탁월성을 인정했다.

우리가 좋은 습관들을 훈련한다면 하나님은 지혜, 건강, 재능 또는 당신이 원하는 어떠한 것이든지 열 배로 주실 것이다. 좋은 습관은 하나님과 사람의 각별한 사랑을 받도록 해주며 진보와 성공을 가능하게 해준다.

2. 은총의 삶을 방해하는 습관들?

우리는 하나님과 사람들에게 더욱 사랑받을 수 있는 매일의 습관들을 지킬 수 있지만 은총의 삶을 방해하는 습관을 택할 수도 있다. 은총의 삶을 방해하는 습관들은 훈련이 필요없기 때문에 쉽게 익숙해 질 수 있다. 만일 잠시나마 육신의 것에 취하게 되면 당신의 입술은 믿음과 은총으로부터 멀어지는 말들을 하게 된다. 하나님의 말씀으로 변화되지 않으면 당신의 마음은 하나님을 대적하게 된다. 로마서 8장 6-8절은 이렇게 경고한다.

> 육신의 생각은 사망이요 영의 생각은 생명과 평안이니라
> 육신의 생각은 하나님과 원수가 되나니
> 이는 하나님의 법에 굴복치 아니할 뿐 아니라 할 수도 없음이라
> 육신에 있는 자들은 하나님을 기쁘시게 할 수 없느니라
>
> 로마서 8:6-8

육신의 생각은 영에 속한 것들을 대적한다. 1장에서 보았듯이, 만일 당신이 기차에 부딪혀 완전히 망가진 차 속에서 상처하나 없이 걸어 나온 사람을 보았다면 육에 속한 생각은 이렇게 말할 것이다.

"그것은 하나님의 역사가 아니야! 그것은 우연의 일치야. 하나님은

보호를 해주거나 은총을 베풀지 않아. 그런 사람은 운이 정말 좋았던 거야."

혹은 어떤 시체의 관이 교회 제단 앞에 놓여 있고 죽은 지 3일 만에 모든 사람들이 기도를 한 후 다시 살아났다고 해도 육신의 생각을 하는 사람은 이렇게 말할 것이 뻔하다.

"그 사람은 정말 죽은 게 아니야. 그는 단지 의식을 잃은 상태에 있었을 뿐이지."

육신의 생각은 하나님이 하시는 모든 일을 대적한다. 일반적으로 머리에서 생각나는 것을 맨 처음 입으로 말함으로써 마음까지 죽게 한다.

야고보 사도는 야고보서 3장 6절에서 말한다.

> 혀는 곧 불이요 불의의 세계라 혀는 우리 지체 중에서
> 온 몸을 더럽히고 생의 바퀴를 불사르나니
> 그 사르는 것이 지옥불에서 나느니라
>
> 야고보서 3:6

"생의 바퀴를 불사르나니"라는 부분을 자세히 살펴보자. 잘못 사용하는 혀는 '인간의 본성'을 망하게 한다. 혀의 사용이 축복의 순환을 혹은 저주의 순환을 가져올 수 있다.

또 다른 성경구절도 지옥의 불로 사르는 것 같은 혀의 강력한 영향력을 말해준다. 즉 악한 영이 우리의 삶을 파괴하기 위해 우리의 입을 통해 말함을 주시해야 한다. 성경은 우리가 "모든 것 위에 믿음의 방패를 가지고 이로써 능히 악한 자의 모든 불살름을 소멸하라"고 말씀한다 (에베소

서 6:16). 사탄도 우리의 생각과 우리 입술의 말들을 공격의 목표로 삼는다. 우리가 가끔씩 어려움에 처할 때, 입술에 지퍼를 채우고 아무 말도 하지 말아야 되는 이유가 바로 이것 때문이다.

믿음에 방해가 되는 또 다른 습관은 당신의 생각을 제멋대로 놔두는 것이다. 부정적인 생각은 부정적인 말들을 낳게 된다. **부정적인 '생각' 과 '말' 모두 다 은총의 삶을 방해한다.**

고린도후서 10장3-5절 말씀처럼 우리는 혀를 다스려야만 한다.

> 우리가 육체에 있어 행하나 육체대로 싸우지 아니하노니
> 우리의 싸우는 병기는 육체에 속한 것이 아니요
> 오직 하나님 앞에서 견고한 진을 파하는 강력이라
> 모든 이론을 파하며 하나님 아는 것을 대적하여
> 높아진 것을 다 파하고 모든 생각을 사로잡아
> 그리스도에게 복종케 하니
>
> 고린도후서 10:3-5

우리는 대적하는 모든 육신의 생각들을 사로잡아야 한다. 즉 "하나님이 하신 게 아니야. 그것은 우연히 일어난 것이지. 하나님의 보호는 없어. 내 생애 하나님의 총애는 없어"라고 말하는 모든 생각과 말들을 사로잡아야만 한다. 만일 부정적인 생각들과 말들을 다스릴 수만 있다면 우리는 '더욱 사랑 받는 자' 가 되어 긍정적인 삶을 살게 될 것이다.

3. 당신은 어떤 종류의 소식을 전하는 사람인가?

당신이 최근에 접한 가장 나쁜 소식은 무엇인가? 당신의 언어는 당신이 그리스도의 마음을 가졌는지(고린도후서 2:16)를 가장 잘 보여주는 표지이다. 놀랍게도 너무나 많은 신앙인들이 부정적인 소식을 전하며, 즉 삶 속에서 발생하는 힘든 일들을 계속 이야기하며 다닌다.

"무릎이 아파 죽겠어. 초기 관절염임에 틀림없어." 혹은 "내 결혼은 무덤이야; 내년 이때가 되기 전에 우리는 이혼하게 될 거야." 혹은 "우리 아이들은 문제가 많아. 아마도 마약에 빠지게 될 꺼야."

부정적인 말을 하는 사람들이 어떻게 긍정적인 말을 하는 사람이 될 수 있을까? 하나님의 말씀으로 마음이 새롭게 될 때 그들은 비로소 긍정적인 말을 하게 될 것이다.

우리가 현재 느끼는 것만을 말한다면 오직 그것만을 얻게 된다. 진실로 당신을 침몰케 하는 말들을 입술에서 거두어 내라. 이러한 원리를 이해한다면 왜 많은 사람들이 하나님과 사람들에게 은총을 받지 못하는지를 깨닫게 될 것이다. 어쩌면 당신은 하나님이 당신의 삶 속에서 행하실 일들을 믿지 못하는 사람일 수 있다. 그 대신 좋지 않은 소문들만을 전하는 사람일 수 있다. 당신의 불평들이 영적인 성장을 방해한다.

우리 교회와 자매결연 맺은 미시간 뉴야고(Newaygo)의 폴 루진스키 목사는 우리 교회 밤 집회에서 이와 관련된 좋은 예화를 말씀하신 적이 있다.

종종 나는 치유를 위한 기도를 위해 환자들을 만나게 되면, 그들이 자신들의 질병에 대해 너무나 풍부한 정보를 지니고 있는 것을 보게 된다. 나는 환자들이 의사보다 더 병리학적으로 자신들의 질병에 관해 많은 것을 알고 있는 사람들을 만난 적이 있다. 그들은 자신들의 질병에 관해 인터넷을 찾아보기 위해 엄청난 시간을 낭비한다. 또한 그들은 마치 의학백과 사전 속을 걸어 다니듯이 병의 증상과 치료법을 찾아 헤맨다. 그러나 "당신의 질병에 관해 하나님 말씀은 무엇이라고 하시나요? 혹은 어떤 하나님 말씀이 당신을 치유할 것이라고 믿고 계십니까?"라고 내가 물으면 그들은 멍한 표정을 짓는다. 그들은 '치유'에 관한 단 한 구절의 말씀도 내놓지 못한다. "저는 성경을 잘 외어 본적이 없어요. 제 기억력은 더이상 좋지가 않거든요"라고 나에게 자신들의 변명을 늘어놓는다. 나는 그 말을 믿지 않는다. 왜냐하면 그들은 자신들의 질병에 대해 그들이 입수한 15가지 정도의 자료들과 자료명까지 기억해 두었다가 대략 15가지 정도의 병에 대한 정의를 나에게 알려 주기 때문이다. 그들이 병에 관해 자료를 기억하고 있다는 것이 잘못된 것이 아니라, 그들이 잘못된 곳으로부터 정보를 간직하고 있다는 것을 지적하고자 한다. 그들은 하나님 말씀을 연구해야만 한다. 왜냐하면 하나님 말씀이야 말로 인터넷 정보와 달리, 진정한 치유의 근원이기 때문이다. 그들은 15개의 의학 자료대신 15구절의 치유에 관한 하나님 말씀을 믿어야만 한다.

당신은 어떠한 종류의 소식을 전하는 자인지 스스로에게 물어라. 당신은 어떤 정보를 갖고 있는가? 당신은 긍정적인 소식을 전하는 자인가 혹은 부정적인 소식을 전하는 자인가? **'채찍에 맞으므로 당신을 치유했다'** 고 하나님이 말씀하시는데 당신은 병으로 인해 죽게 될 것이라고 고백한다면 당신은 부정적인 사람이다. 하나님은 당신에게 평화를 주신다고 말씀하시는데 당신 자신은 염려와 절망 속에 있다고 말한다면 이 또한 악한 입술의 사람이다. 하나님은 당신이 중요한 일을 할 수 있다고 말씀하시는데 당신이 못한다고 말한다면 이 역시 악한 자이다. 당신이 말로 표현하는 것이 당신의 마음을 나타낸다.

눈으로 볼 수 없지만 마음으로 볼 수 있다. 전달하고자 하는 것은 마음으로부터 일어난다. 이미 2장에서 모세가 약속의 땅에 보낸 12명의 정탐꾼에 관해 간략하게 살펴보았다. 그들은 40일 동안 그 땅을 탐색했다. 12명의 정탐꾼은 모두 같은 것을 눈으로 보았다. 그러나 그들은 각각의 마음에 따라 다른 보고를 했다. 단 갈렙과 여호수아만이 그 땅이 선하고 풍부한 것을 보았고 이스라엘이 그 땅을 취할 수 있다고 확신하였다. 갈렙은 마음으로부터 이렇게 모세에게 보고했다.

> 내 마음에 성실(誠實)한 대로 그(모세)에게 보고 하였고
>
> 여호수아 14:7

다른 10명의 정탐꾼은 비록 약속의 땅이 선물로 주어졌음을 알고 있었지만 결코 그 땅을 차지하지 못할 것이라고 주장했다. 따라서 하나님은 그들의 보고를 악하다고 보셨다(민수기 14:36-37). 그들은 하나님께서 약속의 땅이 그들에게 속한 것이라고 말씀하신 것과 다르게 백성들에게

보고를 했다.

당신의 마음은 누구의 보고를 믿고 있는가? 당신은 어떤 자들에게 속한 보고를 따르고 있는가?

성경에 보면, 한 여인이 12년 동안 혈루병으로 고통 받았다. 그녀는 의원들로 인해 더 고통당하였고 결국 아무에게도 고침을 받지 못했다 (누가복음 8:43). 그녀는 돈을 다 허비했고 모든 의사가 그녀에게 희망이 더 이상 없다고 말했다고 가정해 보자. 그러나 그 여인은 이러한 사실들을 믿음의 근거로 삼지 않았다. 또한 자신에게나 남에게 이런 나쁜 사실들을 알리지 않았다. "이제 끝났어. 나는 끝장난 거야. 의사가 도울 수 없어. 하나님은 내가 무엇을 잘 못했기에 나를 이렇게 벌주는 걸까? 나는 추방자가 될 것이며 더욱 악화될 거야. 결국 나는 이 병때문에 죽게 될 꺼야"라고 그녀는 말하지 않았다. 결단코 혈루병에 걸린 여인은 그런 말을 하지 않았다. 오히려 그녀는 반대로 행했다. 그녀는 예수님에 관한 이야기를 들었고 그 예수님을 믿음의 터전으로 삼았다.

그녀는 들음으로 믿음을 얻었다. 그녀는 마음속으로 계속 다짐했다. "어쩌면 그의 옷자락만 만져도 나는 몸이 치유 될거야"(마태복음 9:21). 의사들의 부정적 통보, 빈약한 재정 상태, 예수님에게 접근하는 것을 방해하는 무리들, 그리고 그녀의 정결하지 못한 몸의 상태도 예수께 나아가려는 그녀의 의지를 꺾지 못했다. 그 여인은 스스로에게 끊임없이 말했다.

"나는 낫게 될거야." 그 여인은 과거가 아닌 미래를 그녀의 최고의 날로 꿈꾸었다. 마침내 하나님은 그녀의 입술의 열매를 받으셨고 그녀는 치유받았다.

혈루병에 걸렸던 여인처럼 당신은 자신이 고백한 말을 믿어야 한다. 당신 스스로에게 말하고 그것을 계속 반복해라. 시편 42편 5절에 보면 다윗은 그렇게 시행했다.

> 내 영혼아 네가 어찌하여 낙망하며 어찌하여
> 내 속에서 불안하여 하는고 너는 하나님을 바라라
> 그 얼굴의 도우심을 인하여 내가 오히려 찬송하리로다
> 시편 42:5

다윗은 이 말씀을 자기 자신에게 이렇게 적용했다. "용기를 내라. 하나님은 네 편이다. 그분은 오히려 축복하실 것이며 너는 하나님을 찬양하게 될 것이다." 다윗은 하나님 안에서 믿음을 소유하기로 결정했고, 올바른 음성을 듣기로 선택했다.

룻 또한 마찬가지다. 그녀는 자신이 궁핍한 과부이며 외국인이라는 사실을 비탄하지 않았다. 굶어 죽을 것도 걱정하지 않았다. 룻은 하나님의 백성으로 살기로 마음먹고 그녀의 입술의 말을 통해 하나님에 대한 믿음을 보여 주었다. 모압 여인 룻은 아침에 그녀 자신과 시어머니 나오미에게 이렇게 말한다.

> 나로 밭에 나가게 하소서 내가 뉘게 은총을 입으면
> 그를 따라서 이삭을 줍겠나이다
> 룻기 2:2

룻은 보아스의 은총으로 그녀가 원하는 만큼 이삭을 주워 갔다.

매일 우리 몸의 건강을 유지하는데 필요한 원칙과 동일하게, 하나님의 은총의 권능이 당신의 삶에 풀어지는 것에 적용된다. 그러나 **마음으로 믿는 것이 더 중요한 이유는 바로 마음이 당신의 말을 담고 있는 원천이기 때문이다.** 우리의 마음을 하나님의 말씀으로 채웠는가? 혹은 세상의 말들로 채웠는가? 바울은 디모데에게 강조한다.

> 네가 진리의 말씀을 옳게 분변하며 부끄러울 것이 없는
> 일군으로 인정된 자로 자신을 하나님 앞에 드리기를 힘쓰라
> 디모데후서 2:15

당신은 하나님의 말씀을 읽고, 공부하며, 그것을 묵상하여 당신의 영적인 강건함과 능력을 유지하라. 요한복음 14장 26절은 이렇게 말씀하신다.

> 보혜사 성령께서 예수께서 말씀하신
> 모든 것을 당신에게 생각나게 하실 것이다
> 요한복음 14:26

이 말씀에 따르면, 당신이 제일 먼저 해야 할 것은 당신의 마음속에 성경말씀을 품어야 한다는 것이다. 그리하면 도우시는 성령께서 그 말씀을 기억나게 하신다는 뜻이다.

위기를 만났을 때 성경을 한꺼번에 다독하여 필요한 성경구절을 찾아

내어 믿음을 지키려고 노력하기 보다는 매일 아침 운동을 하듯이 꾸준하게 영적인 훈련을 하는 것이야말로 강한 영적인 상태를 유지할 수 있는 길이다. 한꺼번에 300마일을 달리는 것과 같은 그러한 종류의 훈련은 당신이 가장 최상의 상태이길 원할 때 당신을 무력하게 만든다.

4. 너무 적게 남은 시간

나는 항상 모든 일들을 미리 예상하고 계획하기를 좋아한다. 따라서 모든 상황이 불확실하다고 여겨지면 예상 밖의 일은 되도록 맡지 않으려고 한다. 그러나 내가 장차 일어날 일을 미리 전망함에도 불구하고 뜻밖의 일을 만나게 된다. 그 때 만약에 영적인 무장을 풀게 되면 오직 한탄만 할 뿐이다. 예상치 못한 어려움을 당할 때, 결국 내 가슴 속에 새겨진 온전한 진리의 성경 말씀만이 도움이 된다.

당신이 어떠한 일을 만날 지라도 가슴속에 간직한 하나님 말씀이야말로 최선의 대비책이다.

만일 내가 게으름을 피우고 싶은 유혹을 받게 되면, 나는 한때 알았던 낚시배의 선장을 떠올린다. 나는 13살과 9살 된 두 아들을 데리고 그 선장의 배를 탔었다. 우리의 낚시배는 루딩톤(Ludington)을 향했고 낚시터인 포인테 (Pointe)로 갔다. 즐거운 몇 시간이 지난 후, 우리는 30마일 속도로 해변가로 향하고 있었다. 우리 삼부자(三父子)는 항해를 즐기고 있었는데 갑자기 배의 엔진이 탁탁 튀는 소리가 났다. 그 때 선장은 배를 멈추고 점검해야 한다고 생각했다. 그가 엔진 기계의 뚜껑을 열자, 물이 이곳 저곳으로 뿜어 나오기 시작했다. 선장은 재빨리 뚜껑을 버리고는 엔

진을 재가동시키려고 노력했다. 그러나 그것은 허사였다.

우리가 어떻게 해야 할지 모르고 있을때, 우리 배가 통나무를 치고 말았다.

통나무는 배 밑에 농구공보다 더 큰 구멍을 내고 말았다. 처음에 엔진에서 뿜어 나오던 작은 물줄기가 겨우 1분 만에 우리를 물에 잠기게 만들었다.

선장은 그의 무전기를 잡고는 소리치기 시작했다.

"해안 경비원! 해안 경비원! 메이데이 호다! 메이데이 호다!"

해안 경비원은 즉각적으로 반응했다.

"무슨 일이 있습니까?"

선장은 소리쳤다. "우리가 가라앉고 있소!"

"선장님, 어디에 계십니까?"

해안 경비원의 급한 목소리가 들려 왔다.

선장은 고유번호를 불러 주었고 해안 경비원은 25마일 해상에 있는 우리를 정확하게 알게 되었다.

"우리는 20분 후면 도착합니다."라는 말이 들렸다.

이러한 응답은 선장에게는 아무 소용이 없었다. "20분 동안이나 여기서 기다려야 하는가!" 그는 숨을 헐떡거렸다. 물이 이제 우리의 무릎까지 찼다.

"구명조끼가 있습니까?" 라고 내가 물었다.

나는 선장이 준 두벌의 구명조끼를 아들 사무엘과 다니엘에게 각각 입혔다. 그 때 나는 두 아이를 물 속에 밀쳐 넣고는 해안을 가리키며 "저쪽으로 가라"고 지시했다.

나는 해안 경비원이 올 때까지 아이들이 구명 조끼로 버티는 것이, 가라앉는 배 안에 있는 것보다 안전하다고 믿었다. 나는 아이들이 배와 함께 가라앉기를 원하지 않았다. 나는 많은 영화에서 배가 가라앉게 되면 크고 긴 소용돌이가 모든 것을 삼켜 버리는 것을 보았다. 물이 내 무릎 위를 넘었을 때 나는 선장을 쳐다보았다. 그의 눈은 두려움에 떨고 있었다. 그는 나를 바라보며 소리쳤다.

"나는 수영을 할 줄 몰라요!"

나는 속으로 생각했다.

'지금은 수영을 가르칠 시간이 아니지 않은가! 이제 2분이나 3분 후면 배가 가라앉을 텐데!'

우리도 영적으로 이 선장과 똑같은 일을 저지른다. 의사가 "이 병은 암입니다," 혹은 은행지점장이 "우리는 당신의 지분을 처분해야겠습니다," 혹은 배우자가 "나는 헤어지길 원해요."라고 말을 할 때, 비로소 우리는 그 선장처럼 수영을 배우기를 원한다. 우리는 성경을 뒤척이면서 묻는다.

"내가 알기로는 이쯤에 있는데...이 문제에 대해 말씀하는 구절이 어디있지?"

위기의 순간에 우리는 믿음을 굳세게 하려고 빠른 대책을 강구한다. 그러나 영적으로 그렇게 긴박한 구조를 항상 얻을 수 없다. 하나님 말씀이 이미 당신의 마음속에 있어야만 한다.

우리의 현실 사회나 환경이 우리가 무엇을 믿고 어떻게 대응해야 되는지를 종종 알려 준다. 만일 당신이 어려운 일을 당한 시점에서 연속극이나 다큐드라마 등에 늘 몰두해 있다면 그러한 드라마는 당신의 문제해결에 결정적으로 영향을 미칠 것이다. 그러나 연속극 병원드라마 혹은 인기드라마가 당신을 치유할 수 없다. 극중 인물들이 서로 법적으로 다투는 것을 보여 주는 다큐드라마가 당신의 재정적인 고통을 해결해 주지 못한다. 전문가의 보고가 당신의 마지막 결정은 아니다. 그렇다면 당신은 누구의 보고를 믿게 될 것인가?

잠언 6장 2절을 보자.

> 네 입의 말로 네가 얽혔으며
> 네 입의 말로 인하여 잡히게 되었느니라
> 잠언 6:2

당신이 질병이 걸렸을 때, 베드로전서 2장 24절의 말씀을 선포하라.

> 저가 채찍에 맞음으로 너희는 나음을 얻었나니
> 베드로 전서 2:24

혹은 당신이 재정적으로 어려움에 직면한다면, 빌립보서 4장 19절 말씀을 선포하라.

> 나의 하나님이 그리스도 예수 안에서 영광 가운데
> 그 풍성한 대로 너희 모든 쓸 것을 채우시리라
> 빌립보서 4:19

질병과 재정적 문제들을 사실로 인정하라. 그러나 육적인 영역(세상)의 법을 초월하는 것보다 상위의 법을 취하여 선포하라. 당신의 문제들에 대해 하나님의 말씀으로 꾸짖어라. 신성한 진리의 법이 이미 영적세계에서 존재하는 것을 당신의 삶 속으로 나타나게 할 것이다. 하나님의 은총도 이와 같은 방식으로 체험하라. 당신이 은총을 가장 필요로 할 때, 예수의 말씀으로 당신에게 선포하라.

> 내가 온 것은 양으로 생명을 얻게 하고
> 더 풍성히 얻게 하려는 것이다
> 요한복음 10:10

비록 하나님의 은총이 우리를 감싸고 있을지라도 우리는 부정적인 말들이 우리 삶에 파고드는 것을 주의해야 한다. 우리는 '은총의 스위치를 켜고, 더욱 사랑 받는 자'가 되어야 한다.

우리는 하나님의 은총이 넘치는 수도꼭지 바로 밑에 서 있을 수 있다. 그러나 우리의 입술의 부정적인 말들은 마치 우산을 펴서 은총의 물줄기를 막는 것과 같다. 은총은 소나기처럼 우리의 모든 지경에 쏟아져 내린다. 그러나 우리가 마음이 높아지고, 하나님을 간구하지 않는 척박한 메마름 가운데 머문다면, 우리가 가장 절실할 때 하나님의 은총을 놓치고 만다.

우리가 하나님의 은총을 가장 필요로 할 때, 당신 마음속에 알아야 할 것은 하나님은 우리가 들어 올 때든지 나갈 때든지 축복 받기를 원하시고, 머리가 되고 꼬리가 되지 않기를 원하시며, 또한 상황에 지배당하지 않고 상황을 지배하기를 원하신다는 것이다. 우리 마음속의 긍정적인 사고의 틀은 매일 매일 하나님의 말씀 속에 거할 때 형성된다.

어쨌든 그 날, 우리 삼부자(三父子)는 낚시 배의 사고 때문에 더 큰 어려움은 당하지 않았다. 또한 선장은 '익사할 것이냐 수영할 것이냐'는 고민에서 벗어나게 되었다. 다른 어선이 우리를 발견했고 물로부터 안전하게 우리를 구조해주었기 때문이다. 비록 우리가 제 시간에 모두 구조를 받았지만 나는 여전히 당신에게 배를 타기 전에 수영을 배울 것을 조언하고 싶다.

5. 최우의 낯선 검-혀

하나님은 당신이 자연세계에서 볼 수 없는 것을 마치 있는 것처럼 부르신다. 하나님께서 아브라함에게 하신 말씀을 로마서는 이렇게 기록한다.

> 그러므로 후사가 되는 이것이 은총에
> 속하기 위하여 믿음으로 되나니 이는 그 약속을
> 그 모든 후손에게 굳게 하려 하심이라
> 율법에 속한 자에게 뿐 아니라 아브라함의
> 믿음에 속한 자에게도니 아브라함은 하나님 앞에서
> 우리 모든 사람의 조상이라 기록된바
> 내가 너를 많은 민족의 조상으로 세웠다 하심과 같으니
> 그의 믿은바 하나님은 죽은 자를 살리시며

없는 것을 있는 것 같이 부르시는 이시니라

로마서 4:16-17

하나님의 자녀로서 당신은 아브라함의 후사이다. 믿음으로 얻은 약속은 바로 당신을 위한 것이다. 하나님은 없는 것을 마치 있는 것처럼 부르신다. 또한 하나님은 우리가 하나님의 방식으로 똑같이 행하기를 원하신다. 우리가 약하다고 느낄 때, 하나님은 우리가 강하다고 말씀하신다. 하나님은 우리가 또한 그렇게 말하기를 명하신다.

너희는 보습을 쳐서 칼을 만들지어다 낫을 쳐서 창을 만들지어다
약한 자도 이르기를 나는 강하다 할지어다

요엘 3:10

당신이 두렵고 절망을 느낄 때, 이렇게 말하라.
"예수께서 나에게 말씀하신다. **내 평안을 네게 주노라.**"
만일 당신이 먹는 습관을 고치고 몸무게를 관리하기를 원한다면 이렇게 말하라.
"나의 몸은 내 입이 좋아하는 음식을 원하지 않고 **건강한 음식을 원한다.** 나는 절제할 수 있고 몸의 신진대사가 나의 지방을 태운다. 나의 몸은 하나님이 창조하신 방법을 따른다." 또한 당신이 직장상사 혹은 배우자와의 관계가 좋지 않다면 이렇게 말하라.
"나는 나의 상사에게 사랑받는 자이다. 우리는 함께 큰 일을 이루어야지. 하나님은 나의 상사가 나에게 각별히 관심을 갖도록 해주실 거야."

또한 이렇게 말하라.

"내 남편과 나는 서로 사랑하고 있어. 우리는 오랫동안 행복하게 서로를 용서하며, 미지의 삶을 함께 이루어나가게 될 거야."

다윗은 행군을 하기 전에 하나님이 자신의 일을 완수하도록 도와주실 것을 선포했다. 그는 골리앗과의 전투 전에도 사울 왕에게 이렇게 말했다.

> 주의 종이 사자와 곰도 쳤은즉 사시는 하나님의
> 군대를 모욕한 이 할례 없는 블레셋 사람이리까
> 그가 그 짐승의 하나와 같이 되리이다
> 또 가로되 여호와께서 나를 사자의 발톱과
> 곰의 발톱에서 건져 내셨은즉 나를 이 블레셋 사람의
> 손에서도 건져 내시리이다 사울이 다윗에게 이르되
> 가라 여호와께서 너와 함께 계시기를 원하노라
>
> 사무엘상 17:36-37

다윗의 고백은 여기서 그치지 않았다. 다윗은 골리앗에게도 선포한다.

> 오늘 여호와께서 너를 내 손에 붙이시리니
> 내가 너를 쳐서 네 머리를 베고 블레셋 군대의 시체로
> 오늘날 공중의 새와 땅의 들짐승에게 주어
> 온 땅으로 이스라엘에 하나님이 계신 줄 알게 하겠고
>
> 사무엘상 17: 46

결국 다윗이 말했던 것처럼 모든 것이 이루어졌다.

이러한 장면을 생각해 보자. 즉 거인이 쓰러진 것을 보고 모두가 놀라 소리칠 수 있다. 또한 성벽이 발 밑에 무너지는 것을 보고 모두들 놀라서 소리를 지를 수 있다. 그러나 어떤 일이 발생하기 전에 다윗처럼 승리를 장담하고 소리치는 것은 완전히 다른 차원이다. 그것은 바로 하나님의 은총 안에서 믿음을 부르고 취하는 것이다.

믿음으로 영적세계에 있는 천상의 진리들이 당신의 자연세계 안으로 이루어지도록 명하라. 이것은 마술이나 마음을 통한 초능력이 아니다. 이것은 하나님의 말씀의 법에서 생겨났다.

잠언 18장 21절을 기억하라.

> 죽고 사는 것이 혀의 권세에 달렸나니
> 혀를 쓰기 좋아하는 자는 그 열매를 먹으리라
> 잠언 18:21

부정적인 상황을 확신하는 말들을 사용하지 말라. 오히려 이러한 상황들을 변화시키는 하나님의 말씀을 선포하라. 예수님은 요한복음 6장 63절에서 말의 능력에 대해 강조하셨다.

> 내가 너희에게 이른 말이 영이요 생명이라
> 요한복음 6:63

마음속에 하나님 말씀이 있을 때 입술로부터 나온다. 영의 말, 하나님의 말씀이 당신의 마음속에 있기 때문에, 그 영의 말이 입술을 통해 선포될 때 바로 생명이 되는 것이다. 요한계시록 1장 16절 말씀은 예수께서 재림하실 때 **'입에서 좌우에 날선 검이 나온다'** 고 했다. 주님은 그 칼로 적을 무찌르실 것이다. 헬라어로 '좌우에 날선 검(劍)' 이란 실제로 '좌우에 혀의 검' 으로 번역된다. 우리도 역시 입에 '좌우에 혀' 의 검, 즉 하나님 말씀을 갖고 있다. 하나님의 말씀이 오른쪽 혀의 칼날이 되어야 한다. 그리고 우리는 그의 말씀을 따르는 말을 해야 한다. 우리의 말은 좌측의 혀의 칼날이 되어야 한다. 그 때, 우리의 입에서 나오는 하나님 말씀은 그분의 입에서 나오는 말씀의 능력과 동일한 것으로 풍성하게 된다. 하나님의 말씀은 항상 능력을 발휘한다. 그 분의 말씀은 결코 헛되지 않다 (이사야 55:11). 하나님의 말씀을 입으로 고백할 때 그분의 능력이 함께 따른다.

그러나 한 가지를 주의하라. 전도서 8장 8절을 보자.

> 생기를 주장하여 생기로 머무르게 할 사람도 없고
> 죽는 날을 주장할 자도 없고
> 전쟁할 때에 모면 할 자도 없으며
>
> 전도서 8:8

이 본문은 우리의 일방적인 뜻을 다른 사람에게 강요할 수 없다는 것을 말해준다. 우리는 다른 사람의 영에 대해 어떠한 권위도 가지지 않는다. 예를 들어 당신이 미혼이고 교회에서 매력적이고 아름다운 아가씨가 옆에 앉았다고 가정 했을 때, 당신이 이렇게 입으로 선포한다고 생각해

봐라. "아! 너무 멋진 여자다. 그녀에게 요청하자. 예수의 이름으로 명하노니, 그녀는 나와 결혼할 것이다!"

이것은 성경적인 믿음이 아니다. 우리의 믿음으로 다른 사람을 조종해서는 안되며, 또한 우리의 고백이 강요의 말이 되어서도 안 된다. 하나님은 우리 각자에게 자유의지를 주셨다. 당신의 고백이 다른 사람의 자유의지를 박탈해서는 안 된다. 다른 사람이 당신이 원하는 바를 하도록 조종하는 것은 술수를 꾸미는 죄이다. 이러한 마술적인 고백이나 말은 생명의 말이 아니라 오히려 당신의 생명을 위협하는 말이 된다. 이런 종류의 술수를 행하는 자들은 하나님 나라를 유업으로 받지 못한다(갈라디아서 5:19-21).

6. 하나님 말씀의 제자가 되라

우리가 은총 안에서 거하던지 아니던지 간에 하나님의 말씀을 마음에 간직하는 것이 제일 중요하다. 잠언 15장 28절은 선한 충고를 해준다.

> 의인의 마음은 대답할 말을 깊이 생각하여도
> 악인의 입은 악을 쏟느니라
>
> 잠언 15:28

하나님 말씀을 매일 연구하고 공부하라.

만일 우리가 매일 하나님 말씀에 전념한다면 우리는 예상치 못한 일을 – 즉 배가 가라앉는 일을 경험하거나 미리 수영을 배웠더라면 하고 후회

하는 일들을 - 겪지 않을 것이다. 또한 매일 말씀을 가까이 한다면, 어려운 일이 생겼을 때 말씀으로 위로 받기 위해 성경을 마치 300마일의 마라톤을 달리듯 급하게 읽을 필요가 없다. 또한 문제 해결을 얻고자 1,2,3을 빨리 하면서 답을 얻고자 하는 마술적인 공식을 적용할 필요도 없다. 하나님의 말씀을 당신에게 날마다 적용시킨 후에 당신이 필요한 때에 하나님의 은총이 당신을 호위하며, 질병을 고치고, 그의 역경의 날에 사자의 입을 막아 주셨던 다니엘의 경험들이 우리의 삶 속에서도 일어나게 될 것이다. 하나님의 말씀을 매일 적용하며 살아간다면 우리는 하나님이 모든 것을 이미 다 준비해 주셨음을 깨닫게 될 것이다.

> 믿음은 바라는 것들의 실상이요 보지 못하는 것들의 증거니
> 히브리서 11:1

당신의 마음속에 있는 말씀을 입술로 고백하라. 단지 당신이 알고 있는 것만을 말하지 마라. '당신은 너무 늦었어!' 라고 말하는 사탄의 거짓말에 넘어가지 마라. 만일 당신이 살아있고 여전히 말할 수 있다면 당신은 결코 늦지 않았다. 목소리로 크게 외쳐라. 또한 당신의 삶 속에서 그분의 길을 예비하라.

하나님의 말씀이 바로 당신 자신의 것임을 입으로 고백하며, 당신을 향한 그분의 은총의 그 풍성한 권능이 풀어지도록 하나님을 바라보며, 그분의 말씀을 선포하라.

제 6 장
은총의 경로를 벗어나지 말라
- 나오미의 인생 여정

'떡집'이란, 히브리 문자인 '베들레헴'을 번역한 것이다. 베들레헴은 예수께서 태어나신 곳이다. 예수님은 자신이 태어나신 '떡집'이라는 이름에 걸맞게 자신을 '생명의 떡'이라 부르시고, 그 떡을 먹는 사람은 영원히 살 것이라고 말씀하셨다. 그러나 예수께서 태어나시기 약 1100년 전에 또 다른 가족, 즉 엘리멜렉과 나오미 가족이 '떡집'이라 불리는 이 도시에 살았었다. 룻기는 그 가족의 이야기다.

룻기 4장은 룻 앞에 있었던 몇몇 세대들의 계보를 시작으로 하여 다윗 왕의 계보로 끝을 맺는다. 이 계보는 룻이 다윗 왕의 고조 할머니였음을 보여 준다. 또한 룻기 1장 1절에 의하면, 룻과 그녀의 가족이 사사시대에 살았음을 알 수 있다. 사사시대는 이스라엘 역사에서 황금기가 아니었다. 많은 사사들은 제대로 일을 감당하지 못했다. 사사기 17장 6절은 "그 때에는 이스라엘에 왕이 없으므로 사람마다 자기 소견에 옳은 대로 행하였더라"고 기록하고 있다. 삼손이나 입다 같은 건장한 사사들의 삶이 심각한 혼동 가운데 있었지만, 그들이 이스라엘 백성들을 치리하였다.

하나님은 삶을 바르게 살지 못하는 사람들을 여전히 사용하시며 축복하신다. 이것은 우리들 대부분을 위해서 기쁜 소식이다! 설사 우리가 하나님의 은총의 경로를 벗어났을 지라도 다시 그분의 품으로 돌아오기에 결코 늦지 않기 때문이다.

룻의 시어머니 나오미는 잠시동안 은총의 길에서 벗어났지만, 하나님은 그녀의 계보에서 세상의 구세주를 탄생시키신다. 나오미가 살던 때에는 기근이 만연했다. 나오미와 그녀의 남편인 엘리멜렉은 두 아들과 함께 베들레헴에서 모압 땅으로 거처를 옮겼다. 그들은 하나님이 친히 공급하셨던 장소 그 '떡집'에서 살아 왔지만, 모든 것이 어렵게 되자 은총의 경로를 벗어나기 시작했다. 그들은 50마일이나 떨어진 모압 땅에 자리를 잡았다. 그 곳은 다소간 기름진 땅처럼 보였다. 모압은 철저히 이교도의 땅이었다. 모압인들은 롯의 후손들로써 롯이 그의 딸들과 근친상간으로 태어난 후예였다. 또한 그들은 이방 신들을 섬겼다.

대부분의 우리들도 나오미가 그랬던 것처럼 하나님의 은총의 경로를 벗어나 방황한다. 삶이 고되게 되면 우리는 절망감에 빠져서 지금보다 훨씬 열악한 곳을 향하여 우리가 있던 곳을 떠난다. 예를 들면, 1933년에 스터드베이커(Studebaker) 회사의 회장은 회사에 아주 큰 어려움이 오고 재산관리로 넘어가자 실의에 빠졌다. 그는 모든 것이 끝났다고 생각했다. 그는 회사가 그 이후에도 여전히 잘 운영될 것을 알지 못한 채, 자살로 생을 마감했다.

삶은 내리막길이 있으면 오르막길도 있다. 우리가 내리막길에 있다고 느낄 때, 우리는 절망의 늪에서 뒹굴지 말고 오히려 그것을 견디며 하나님의 은총을 기대해야 한다. 우리가 항상 삶의 최정상을 차지하지 않듯이, 항상 인생의 협곡을 통과하지 않을 것이다. 나오미는 가장 힘든 시간에 선택한 삶으로 인해 값비싼 대가를 치렀다. 우리는 나오미의 우여곡절의 삶을 다루기 전에 나오미의 가족과 그들 이름의 중요성을 좀 더 자세히 살펴보자.

1. 예언적인 이름들은 삶을 암시한다

역사적으로 나오미 가족의 이름들이 예언적 암시를 담고 있다는 사실은 흥미로운 일이다. '베들레헴'은 '떡집' – 예수님이 태어나셨고 생명의 떡이 되심 – 이라는 뜻을 가지고 있다. 나오미 가족의 이름들은 심각하고도 흥미로운 뜻을 지니고 있다.

그 가족의 아버지의 이름은 엘리멜렉인데, 그 이름은 '하나님이 왕이시다'라는 뜻이다. 그 부인의 이름은 나오미인데 그 이름의 뜻은 '하나님의 은총'이라는 뜻이다. 특히 '나오미'라는 이름은 두 가지 이유에서 흥미롭다.

첫째, '나오미'란 내가 이 책의 주제로 삼고 있는 '하나님의 은총'이라는 뜻이다. 둘째, 나오미는 어려움을 당하자 그녀 자신의 이름의 뜻을 버리고 새로운 이름을 갖게 된다. 나오미는 모압에서 베들레헴으로 다시 돌아왔을 때 '마라' 즉 '비통함' (혹은 원통함: '전능자가 나를 심히 괴롭히다'라는 의미)이라고 불러주기를 원했다.

두 아들인 말론과 기룐의 이름 또한 중요하다. 두 아들의 이름은 긍정적인 것과 부정적인 것 모두를 암시한다. 부정적으로 말론이란 이름은 '아픔'과 '질병'이라는 뜻의 어원을 지녔다. 이 이름의 뜻은 말론이 모압 땅에서 죽은 이래로 분명히 이 가족의 계보에 적용되었다. 한편, 말론의 이름이 지니고 있는 긍정적인 어원의 뜻을 살펴보게 되면 '기쁨의 노래' 라는 의미를 담고 있다. 둘째 아들의 이름은 실론인데 부정적인 의미로는 '형벌' 혹은 '파멸' 이라는 뜻이다. 역시 그가 모압에서 죽은 이후로 그들에게 적용된 예이다. 한편 둘째 아들 실론의 긍정적인 뜻은 '완전함' 혹은 '정직함' 이다.

모압 여인으로서 큰 아들과 결혼한 나오미의 큰 며느리 오르바는 '뒷머리' 라는 어원의 뜻을 갖고 있다. 둘째 며느리인 룻은 '자색이 고움' 혹은 '아름다움' 이란 뜻을 지녔다. 룻기의 마지막 부분에서 룻과 재혼한 보아스의 이름의 의미는 예수 그리스도의 모형을 상징하는 '구속자' 라는 뜻이다.

성경 룻기의 주인공들의 이름들과 이야기 속에는 여러 가지 비유가 있다. 그들의 예언적인 이름들은 하나의 이야기를 담고 있다. 첫째, '하나님은 왕이시다' 는 '하나님의 '은총' 과 결혼했다. 달리 말하면, 하나님이 당신이 삶 속에서 '왕' 이 되실 때 하나님의 '은총' 이 당신과 함께 한다! 그리고 부부는 '기쁨의 노래' 와 '완전함' 혹은 '정직함' 을 낳는다. 하나님이 당신의 왕이 되시고 그분의 은총이 당신과 함께 할 때, 당신의 마음에 기쁨의 노래가 솟아나며 당신은 바른 길을 걷게 된다. 하나님은 당신을 통해 그리스도를 통한 완전한 의로움을 볼 것이다. 그러나 얼마 안되어서 나오미 가족에게 시험이 찾아왔다. 베들레헴이 부족한 식량으로 고통받게 되자 이 가족은 모압땅의 비옥한 토지에 눈을 돌렸다. 그리고 '떡집' 을 떠나서 그들에게 속하지 않은 땅, '하나님이 왕' 이 되지 않은 땅 – 모압으로 간다.

삶의 경로의 전환을 경계하라. 당신도 항상 '하나님이 왕' 이 되지 않는 곳, 즉 당신이 구원을 경험하고 하나님의 풍성한 은총을 경험하기 이전의 과거를 그리워하게 될지도 모른다. 하나님은 이스라엘 백성을 이집트로부터 해방시켰다. 그러나 하나님은 이스라엘 백성들이 이집트를 잊게 만드는데 훨씬 힘든 시간을 가졌다. 이스라엘 백성들은 계속 징징 대면서, "우리가 애굽에 있을 때에는 값없이 생선과 참외와 수박과 부추와 파와 마늘들을 먹은 것이 생각나거늘…다시 애굽으로 돌아가자" (민수기 11:4-6) 라고 외쳤다. 하나님이 이스라엘 백성들을 만나로 먹여 주셨지만, 그들은 삶이 조금 더 힘들어지자 과거의 쾌락을 간절히 원했다. 그들은 어떻게 이집트에서 겪은 노예생활의 고통을 그렇게 빨리 잊을 수 있었을까!

당신은 죄의 노예가 되었던 삶을 기억하는가? 사탄은 그리스도를 만나기 전의 삶을 그리워하도록 유혹한다. 사탄은 우리가 과거의 화려한 파티를 기억하도록 부추긴다. 과거의 상상 속에서 우리는 즐겁고 짜릿한 느낌을 갖게 된다. 사탄은 매일매일 그런 생각을 일으키는데 열심을 낸다. 사탄은 하나님을 몰랐던 삶이 얼마나 고통스러운 것인지를 결코 회상시키지 않는다.

사탄은 과거에 그리스도를 만나기 전의 삶이 얼마나 희망이 없었는지를 잊어버리게 만든다. 사탄은 당신이 가지 말아야 할 곳을 가도록 하며, 하지 말아야 할 일들을 하도록 만드는 법을 알고 있다. 하나님의 보호하심으로부터 벗어난 길을 가지 마라. 만약 당신이 과거의 삶으로 돌아가서 하나님과 동행하는 삶을 버린다면 너무 큰 대가를 치르게 될 것이다. 우리가 하나님의 뜻을 거역하면 그분의 은총과 보호하심이 우리와 함께 하지 않는다. 이러한 이유 때문에 이 세상에서 가장 불쌍한 사람은 죄인이 아니라 다시 타락하는 성도들이다. 거듭난 성도들은 그리스도 안에서 새로운 피조물이다. 또한 그들의 내적인 새로운 본성은 죄로 인해 탄식한다. 물론 죄는 실제로 잠시 한 때를 위해 즐거운 것이다. 잠언 23장 35절에 보면, 술에 만취한 자가 자신에게 이렇게 말한다.

> 사람이 나를 때려도 나는 아프지 아니하고
> 나를 상하게 하여도 내게 감각이 없도다
> 내가 언제나 깰까 다시 술을 찾겠다 하리라
>
> 잠언 23:35

히브리서 11장 25절은 죄악의 날을 "잠시 죄악의 즐거움"이라고 말한다. 그러나 **성도가 다시 죄와 타협할 때 그들은 '은총의 자리'를 떠나는 것이다.** 성도가 죄와 다시 타협하게 되면 기쁨과 평화는 사라지고 하나님과의 교제는 깨지게 되며 영적인 상태는 완전히 처참하게 된다.

우리가 구원받은 후 다시 타락하게 되면 당신 삶의 왕이신 하나님에 대한 중심을 잃어버리게 된다. 그렇게 되면 우리의 몸과 마음은 쾌락의 길을 추구하고, 우리의 내면은 영적인 기쁨의 노래와 올바른 삶의 방식을 상실하였기 때문에 영적으로 완전히 짓눌리게 될 것이다. **하나님의 영은 당신의 영과 더불어 계속 증거하며, 당신을 설득 시키고, 당신이 하나님과 은총의 자리로 돌아오기를 계속해서 부르신다.**

이것이 나오미에게 이루어진 일이다. 나오미는 그녀의 남편('하나님은 왕이다'라는 뜻)이 죽은 모압 땅에서 처참한 삶을 맞는다. '기쁨의 노래'라는 뜻의 큰 아들 말론이 모압 땅에서 죽었으며 '정직한 삶'이라는 뜻의 작은 아들 기론이 그 곳에서 역시 죽었다. 나오미는 '하나님이 왕이 되지 않은' 이방 땅에서 맞은 며느리들을 제외하고 자기만 남게 되자, 그녀는 즐거운 찬양의 삶과 바른 삶이 그리워졌다. 나오미는 하나님의 땅으로 돌아갈 필요를 깨달았다. 그녀는 하나님이 이스라엘 백성들을 먹이고 계심을 듣게 되자 베들레헴으로 돌아가기로 결심했다.

일단 나오미는 결심이 서자 며느리들이 그들의 고향집으로 돌아가길 강권했다. 나오미는 며느리들이 각자의 고향으로 돌아가게 되면 새로운 남편을 만나 안전하고 나은 삶을 살 수 있을 것이라 믿었다. 큰 며느리 '오르바'의 이름이 어떻게 '뒷 머리'라는 단어에서 유래되었는지를 기억해 보라. 오르바는 비록 이별의 눈물을 흘렸지만 결국 안녕을 고하고 '은총'으로부터 돌아서서 고향으로 떠났다.

그러나 룻은 다른 진로를 택했다. 룻은 '아름다움'과 '온전함'이라는 이름에 걸맞는 내적으로 성숙한 인격의 소유자였다. 나오미에 대한 룻의 대답은 유명한 성경구절이 되었다.

> 어머니께서 가시는 곳에 나도 가고
> 어머니께서 유숙 하시는 곳에서 나도 유숙하겠나이다.
> 어머니의 백성이 나의 백성이 되고
> 어머니의 하나님이 나의 하나님이 되시리니
>
> 룻기 1:16

성경은 룻이 오히려 나오미에게 매달린 것을 보여준다. 룻은 나오미에게 "나는 시어머니 나오미(은총)와 함께 하기로 했습니다. 나는 은총을 떠나서 살지 않을 것입니다"라고 고백한 것이다.

룻이 나오미를 따르기로 결정한 후 어떻게 은총의 여정 속에 머물게 되었는지를 다음 장에서 좀 더 자세히 살펴 볼 것이다. 여기서 룻을 동반한 나오미가 무엇을 했는지를 주목해 볼 필요가 있다.

> 이에 그 두 사람이 행하여 베들레헴까지 이르니라 베들레헴에 이를 때에 온 성읍이 그들을 인하여 떠들며 이르기를 이가 나오미냐 하는지라 나오미가 그들에게 이르되 나를 나오미라 칭하지 말고 마라라 칭하라 이는 전능자가 나를 심히 괴롭게 하셨음이니라 내가 풍족하게 나갔더니 여호와께서 나로 비어 돌아오게 하셨느니라 나를 징벌하셨고 전능자가 나를 괴롭게 하셨거늘 너희가 어찌 나를 나오미라 칭하느뇨 하니라
>
> 룻기 1:19-21

나오미는 다른 여인들에게 확고하게 말했다.

"나를 '하나님의 은총'이라고 부르지 마시오. 대신에 나를 '마라' 즉 '전능자가 나를 심히 괴롭게 하셨음'이라고 부르시오."

나오미는 하나님의 저주로 자신이 실패했다고 하나님을 원망했다. 그러나 저주받은 우상숭배의 나라를 선택하여 '떡집'을 떠나기로 결정한 것은 나오미와 그녀의 남편이었다. 잠언 19장 3절은 이렇게 말한다.

> 사람이 미련하므로 자기 길을 굽게 하고
> 마음으로 여호와를 원망하느니라
>
> 잠언 19:3

우리는 현명하지 못한 선택으로 인해 파멸에 이른 후 하나님을 원망한다. 그것은 나오미(은총)/ 마라 (고통)와 같은 삶의 태도이다.

2. '떡집'에는 하나님의 은총이 넘친다

우리의 결심이 우리 삶의 진로를 결정한다. 하나님이 우리를 머물게 하신 곳에서 우리가 그분의 뜻을 행하며 순종하는 삶을 살 때만이 '하나님의 은총의 온전한 누림'을 경험할 수 있다. 나오미와 엘리멜렉은 하나님의 축복의 장소로부터 멀리 떠났고 그들의 가족은 재난을 맞게 된다. 그 후 그들은 하나님을 향해 분노한다.

오늘날 우리도 우리의 환경으로 인해 하나님을 원망한다. 그러나 질병, 파산, 결혼생활의 문제 혹은 우리가 경험하는 모든 것들이 결코 하나님의 잘못이 아니다. 오히려 이러한 재난들은 우리들의 현명하지 못한 선택의 결과이다.

하나님이 문제의 근원이 아니다 – 오히려 하나님이 당신 문제의 해답이시다!

우리를 파멸과 재난으로 이끈 장본인은 사탄이다. 주님은 그와 반대되는 이유 때문에 오셨다. 주님으로 말미암아 "우리는 생명을 얻고 더욱 풍성히 얻게 되는 것이다"(요한복음 10:10).

> 그들에게 이르기를 만군의 여호와께서
> 이같이 말씀하시되 사람이 토기장이의 그릇을
> 한 번 깨뜨리면 다시 완전하게 할 수 없나니
> 이와 같이 내가 이 백성과 이 성읍을 파하리니
> 그들을 매장할 자리가 없도록 도벳에 장사하리라
>
> 예레미야 19:11

하나님은 나오미/마라에 대해 선한 계획을 갖고 계셨다. 나오미는 모든 일들을 엉망으로 만들었지만 결국 **'하나님이 왕'** (남편의 이름 엘리멜렉의 뜻)이 되시는 땅으로 다시 돌아왔다. 일단 나오미가 그녀가 속해 있던 '떡집'이라는 뜻의 고향 땅으로 돌아오자 하나님은 그녀를 위해 넘치는 은총을 준비해 놓으셨다. 나오미는 "하나님이 나를 위해 이 모든 것을 행하셨다"라고 고백하면서도 즉각적으로 깨닫지 못했다. 그럼에도 불구하고 하나님은 그녀를 엄청난 축복의 장소로 인도하기 시작했다. 하나님의 은총은 나오미를 따라 나선 며느리 룻에게도 흘러 넘쳤다. 룻은 은총의 여정을 선택함으로써 엄청난 축복을 받게 된다.

우리가 지금 하나님이 원하시는 곳으로 돌아가기만 한다면 우리는 하나님의 은총을 다시 맛보게 될 것이다. '하나님이 왕' 되신 그 자리에서 우리는 그분이 베푸시는 보호와 평화를 누리게 될 것이다.

제 7 장
은총의 여정을 따르라
- 룻의 인생여정

성경 66권 가운데서 여성의 이름을 제목으로 붙인 책은 단 두 권 뿐이다. 그 한 권이 '룻기'이고 나머지 한 권은 '에스더'이다. 룻은 이방인으로 유대인 땅에 와서 유대인 유지와 결혼한 여인이다. 한편 유대인 에스더는 이방인 땅에 살면서 이방인 왕과 결혼한다. 우리는 구약성경에 나오는 아브라함, 다윗 혹은 솔로몬만큼이나 룻과 에스더에 관해서도 연구가 필요하다. 성경 '룻기'와 '에스더'는 하나님이 어떻게 인간의 삶에 놀랍게 간섭하시는지를 보여주는 성서적 교훈과 경이로운 이야기들로 가득하다. 제 6 장에서 룻의 시어머니인 나오미가 하나님의 은총을 떠나 멀리 방황하다가 결국은 하나님의 은총의 품으로 돌아왔음을 살펴보았다. 이제 우리는 룻의 인생여정의 흔적을 살펴봄으로써 놀라운 교훈들을 얻게 될 것이다. 룻은 은총의 여정 속에 머물기를 결단한 이래로 하나님의 각별한 은총과 사랑을 받는 수준까지 이르게 된다. 룻이 누린 하나님의 은총과 총애는 그녀가 도저히 누릴 수 없었던 것들이었다.

이 책의 서두에서 나는 하나님의 은총을 전기에 비유했다. 전기 공급의 전압은 다양하게도 110V, 220V, 440V 등이 있다. 마치 다른 수치의 전기가 공급되듯이, 우리가 경험할 수 있는 다른 수준의 은총이 있다. 은총은 또한 키가 성장하는 관점에서도 생각해 볼 수 있다. 누가복음 2장 52절의 말씀을 생각해 보자

> 예수는 그 지혜와 그 키가 자라가며
> 하나님과 사람에게 더 사랑스러워 가시더라
>
> 누가복음 2:52

예를 들면, 우리의 신장이 150cm, 165cm, 혹은 170cm 등 각기 다른 것처럼 하나님의 은총도 수준의 차이가 있다.

일 년 전에 경험한 은총의 수준이 오늘 당신이 여전히 머물러 있는 자리가 되지 말아야 한다. 그리고 오늘의 은총의 수준은 내년에도 당신이 머무는 똑같은 수준이 되지 말아야 한다. 예수께서 그랬듯이 당신도 항상 더욱 사랑 받는 자, 더욱 큰 은총을 입은 자가 되어야만 한다.

룻은 계속해서 하나님의 은총을 받았다. 룻이 엄청난 은총을 누릴 수 있었던 축복의 열쇠는 그녀의 삶의 방식과 행위들이다. 룻은 은총의 첫 단계인 구원을 받았지만 거기서 멈추지 않았다. 룻은 구체적인 행함을 통해 새로운 수준의 은총을 누리게 되었다. 만일 우리가 그녀의 발자취를 따른다면 우리 또한 우리가 감당할 수 없을 정도로 하나님과 사람들에게 더욱 사랑스러운 자가 될 수 있다.

1. 1단계 수준: 구원의 경험

예수님은 하나님의 구원의 역사와 은총이 풍부하게 넘칠 때 자신이 누구인지를 선포했다. 구원은 은총이 시작되는 곳에 있다. 그러나 거기서 멈추면 안 된다. 하나님의 자녀와 구원의 은혜는 그 어떤 것과도 견줄 수 없다. 당신이 더 큰 은총의 수준으로 나아갈 때 자비로운 하나님 아버지는 구원이라는 최초의 선물과 더불어 덤으로 축복들을 주신다.

룻은 우리처럼 구원받는 삶을 선택한다. 비록 룻의 친정이 우상숭배를 했을 지라도 먼저 그녀는 하나님을 섬기는 이스라엘 가족과 결혼을 한다. 룻은 남편이 죽었을 때 하나님을 믿지 않은 전통으로 돌아가기 보다는 계속 구원의 여정을 따라 갈 것을 선택한다. 룻은 나오미를 동반하여 베들레헴으로 돌아가면서 "어머니의 하나님이 나의 하나님이 되실 것입니다"라고 말한다(룻기1: 16). 룻에게는 더 이상 우상숭배의 나라가 없었다. 그녀는 비록 이방인이었지만 하나님을 그녀의 왕으로 선택했다.

룻은 오르바처럼 옛 생활로 돌아갈 수 있었다. 또한 나오미가 그랬듯이 애통하는 삶을 살 수도 있었다. 룻은 분명히 격렬한 분노를 느꼈을 것이다. 오르바와 나오미처럼 룻은 그녀의 남편을 잃었다. 룻은 그러한 삶의 어려움을 겪은 후 다시 고향을 떠나야 하는 문제에 직면하게 되었다. 룻은 어떠한 선택을 하든지 간에 고향과 친정가족을 떠나야 하거나 사랑하는 시어머니와 고별인사를 나누어야만 하는 기로에 서게 된다. 그 당시 미망인에게 밝은 미래에 대한 희망은 거의 없었다. 더군다나 낯선 타국인 베들레헴에서 외국인으로 살아야만 했다. 룻은 모압인으로서 멸시당하고 무시당할 것을 예측했을 것이다. 룻은 절망의 늪에 빠져 하나님을 원망하고 하나님께로부터 돌아 설 충분한 이유가 있는 듯 보였다. 그러나 룻은 결정적으로 방황의 길을 거부한다. 룻은 은총의 자리에 머문다면 좀 더 나은 삶이 기다린다는 것을 확신했다. 룻은 나오미에게 자신의 결심을 알린다.

> 어머니께서 죽으시는 곳에서 나도 죽어
> 거기 장사 될 것이라 만일 내가 죽는 일 외에
> 어머니와 떠나면 여호와께서 내게 벌을 내리시고
> 더 내리시기를 원하노라
>
> 룻기 1:17

룻은 하나님을 위해 모든 것을 내려놓기로 했다. 룻은 하나님께 그녀의 모든 것을 드렸고 하나님은 늘 그렇듯이 룻에게도 그분이 주실 수 있는 최선의 것을 베푸셨다. 룻처럼 하나님께 당신의 모든 것을 드리는 것이 하나님의 은총을 맛볼 수 있는 첫 번째 관문이다. 하나님께 헌신을 다짐하는 단계는 은총을 받는 단계와 같다. 기대하라, 믿어라, 고백하라.

당신을 자녀로 삼기 원하시는 하나님을 기대하라. 베드로후서 3장 9절 말씀을 명심하라.

> 주의 약속은 어떤 이의 더디다고 생각하는 것같이
> 더딘 것이 아니라 오직 너희를 대하여
> 오래 참으사 아무도 멸망치 않고 다 회개하기에
> 이르기를 원하시느니라
>
> 베드로후서 3:9

그 다음 단계는 **믿고 고백하는** 것이다.

> 네가 만일 네 입으로 예수를 주로 시인하며
> 또 하나님께서 그를 죽은 자 가운데서 살리신 것을
> 네 마음에 믿으면 구원을 얻으리니 사람이 마음으로
> 믿어 의에 이르고 입으로 시인하여 구원에 이르느니라
>
> 로마서 10:9-10

만일 당신이 이러한 은총의 출발점에 설 준비가 되어 있으나 아직 어떻게 해야 할지 확신이 없다면 마지막 장에 있는 부록을 참고하라.

2. 2단계 수준: 하나님에 의해 계획된 여정

룻기를 통해서 우리가 알아야 할 한 가지 중요한 사실은 '**하나님만이 우리가 거쳐야 할 단계들을 지시하신다**' 는 것이다. 우리가 하나님과 동행할 때 하나님은 우리가 올바른 사람들과 관계성을 맺을 수 있는 적절한 장소로 인도하신다. 그러한 은총은 그 분의 축복이 우리 삶에 넘치도록 해준다. 일련의 사건들은 우연이나 우발적으로 발생하지 않는다. 하나님의 은총이 우리의 모든 영역을 감싸고 계속적으로 우리 삶의 여정을 정렬하신다. 우리가 심지어 그러한 하나님의 예비하심을 깨닫지 못할 때라도 하나님은 종종 우리가 거쳐야 할 경로를 정해 놓는다. 우리는 속으로 이렇게 생각할지도 모른다.

"내가 적절한 시간에 적당한 장소에 우연히 있게 된 것은 정말 기막힌

일이었지? 때마침 그 당시 그 사람을 우연히 만난 것은 놀라운 일이지?" 어떤 사람들은 그러한 사건들이 우연의 일치라고 말하지만 실제로 그러한 사건들은 하나님이 우리를 위해 정하시고 일하신 결과이다. 시편 37편 23절에서 확고히 말씀하신다.

> 전능자를 측량할 수 없나니 그는 권능이 지극히 크사
> 심판이나 무한한 공의를 굽히지 아니하심이니라
> 시편 37:23

하나님은 축복의 장소, 필요한 사람들을 만나게 해주실 장소, 그리고 예비하신 장소로 우리를 인도하고 안내하고 친히 데리고 가시기를 기뻐하신다.

룻과 나오미는 추수가 시작될 무렵에 베들레헴에 우연히 도착한 것처럼 보인다. 또한 나오미의 친척 중 한 사람인 보아스의 밭에서 이삭을 줍게 되고 그가 룻에게 친절하게 대한 것이 우발적인 일처럼 보일 수 있다. 그러나 그러한 일들은 '단지 우연히 일어난 일' 이 결코 아니다. 하나님은 룻이 거쳐야 할 과정들을 주도하시고 그녀에게 새로운 수준의 은총을 경험하도록 이끄셨다. 룻이 처음으로 이삭을 줍기 위해 밭에 나갔을 때, 성경이 묘사하는 룻의 태도가 아름답다.

> 모압 여인 룻이 나오미에게 이르되
> 나로 밭에 가게 하소서 내가 뉘게 은총을 입으면
> 그를 따라서 이삭을 줍겠나이다

> 나오미가 그에게 이르되 내 딸아 갈지어다 하매
>
> 룻기 2:2

사회적 지위가 아주 낮은 신분이었던 미망인 룻은 궁핍함으로 인해 자신과 나오미가 살아남기 위해서 이삭을 주어야만 하는 처지였다. 그러나 룻은 그러한 환경에도 불구하고 집 밖을 나가기 전에 하나님의 은총을 **고백했다**. 따라서 우리도 룻처럼 매순간, 정말 어려운 처지에서라도 하나님의 은총을 간구해야만 한다.

이삭줍기는 모세가 하나님의 명령에 따라 제정한 사회적 권리였다. 하나님은 이렇게 명령하신다.

> 너희 땅의 곡물을 벨 때에 너는 밭 모퉁이 까지
> 다 거두지 말고 너의 떨어진 이삭도 줍지 말며
> 너의 포도원의 열매를 다 따지 말며
> 너의 포도원에 떨어진 열매도 줍지 말고 가난한 사람과
> 타국인을 위하여 버려두라 나는 너희 하나님 여호와니라
>
> 레위기 19:9-10

밭이나 포도원을 소유한 농부가 자신의 수확물을 거둘 때, 한번 이상을 더 거두면 안되며 어느 정도의 알곡 혹은 수확물을 남겨 두기로 되어있다. 남겨진 이삭들은 가난한 사람의 몫이다. 한편, 하나님의 경제원칙 - "우리가 너희와 함께 있을 때에도 너희에게 명하기를 누구든지 일하기 싫어하거든 먹지도 말게 하라 하였더니"(데살로니가후서 3:10)에 의하면

가난한 사람도 역시 그것을 거두어들이기 위해 일을 해야만 한다. 일을 한다는 것은 '자존감, 자긍심'을 세우기 때문에 중요한 것이다. 생계를 위해 일하는 사람들은 그들의 노력에 대한 대가를 얻게 된다. 또한 그러한 대가는 그들에게 보람과 가치 그리고 삶의 목적을 갖게 해준다. 하나님은 가난한 자들이 스스로 살아가기에 유용한 수단들을 갖도록 의도하셨다. 따라서 하나님은 땅 소유자가 남긴 수확물과 이삭으로 가난한 자들이 궁핍함을 면하도록 배려하셨다.

가난한 자들 중 룻은 처음으로 곡식 베는 자를 따라가며 이삭을 주었다. 성경은 "룻이 가서 베는 자를 따라 밭에서 이삭을 줍는데 우연히 엘리멜렉의 친족 보아스에게 속한 밭에 이르렀더라"(룻기2:3) 라고 기록한다. 룻과 보아스의 만남은 우발적으로 일어난 것이 아니다. 룻은 어쩌면 어떤 눈치도 채지 못했을 것이다. 단지 룻은 오늘 저녁에 시어머니와 저녁 한 끼를 해결할 수 있다는 것만으로도 안도의 숨을 내쉬었을지 모른다. 비록 하나님이 고난 중에 있는 룻을 보아스(건져 낸다는 뜻의 이름)와 결혼하도록 계획하셨을 지라도 그녀는 눈치 채지 못했을 것이다. 보아스와 룻은 마침내 다윗왕의 조부모가 되었고 예수의 조상이 된다.

하나님은 모든 하나님의 자녀에게 하듯이 룻의 여정을 미리 준비해 놓으셨다.

에베소서 2장 10절의 말씀을 번역 성경을 통해 주의 깊게 살펴보자.

우리는 그의 만드신 바라 그리스도 예수 안에서
선한 일을 위하여 지으심을 받은 자니
이 일은 하나님이 전에 예비하사(예정하시고)

> 우리로 그 가운데서 행하게(하나님이 모든 것을
> 이미 준비해 놓으신 계획안에서 행하게)하려 하심이니라
>
> 에베소서 2:10

"나에게 이런 일이 일어난 것은 운이 좋아서겠지?"라고 자신에게 말하지 마라. 결코 운이 아니다. 하나님은 당신이 거쳐야 할 과정들을 정해 놓으시고 은총을 당신에게 베푸신다. 하나님은 당신을 위해 이미 좋은 것들을 미리 준비해 두셨고 행복한 삶을 예비하셨다. 당신의 여정의 시작이 룻처럼 하나님의 마음에 합해야 한다. 만일 당신이 하나님을 따른다면 그분의 은총이 당신을 따를 것이다. 마침내 하나님은 당신이 거쳐야 할 과정들을 정렬시켜 놓을 것이다.

3. 예정된 여행기

1980년대 후반에 나는 하나님의 은총으로 '예정된 여행'을 러시아에서 경험했다. 그 당시 러시아는 막 개방된 때였기에 나는 하나님이 그 곳에서 일하실 것이라고 믿었다. 따라서 나는 그 곳에 가야만 하는 강하고 급한 마음을 느꼈고 몇몇의 사람들과 함께 그 곳에 도착하게 되었다. 우리의 여행길에 일어난 몇 가지 사건들이 외적으로 우연히 발생한 것처럼 보였을 지라도 나는 하나님이 마지막 순간까지도 모든 것을 미리 예비하셨음을 확실히 믿는다.

우리는 핀란드의 헬싱키까지 비행기로 갔고 다시 그 곳에서 에스토니아까지 배를 탔다. 거기서 우리는 리가의 수도인 라트비아로 향했다. 그

곳에는 우리가 아는 사람이 하나도 없었다. 우리 일행은 시내의 한 호텔에 숙박을 정한 뒤 서로를 바라만 보았다.

"지금부터 뭘 하지?" 라고 내가 물었다.

우리는 산책을 하고 도시가 어떻게 생겼는지를 구경하고자 결정했다. 보도를 걷기 시작한지 채 2,3 분도 못되었을 때, 한 낯선 남자가 접근하였다.

"당신들 미국인이요?" 우리가 그렇다고 대답하자 그는 "내 보스가 당신들에게 저녁 식사를 대접하기 원하오" 라고 말하는 것이었다. 우리는 딱히 다른 계획이 없었기에 저녁식사 제안을 흔쾌히 수락했다. 보스라는 사람은 키가 대략 180-185cm 정도에 몸무게가 160kg 정도가 되는 거구였다. 그는 내가 평생 그 때 까지 만난 사람 중에 가장 화통한 사람이었다. 실제로 그는 먹는 것을 즐기는 사람이었다. 그가 훗날 미국에 잠시 방문했을 때, '올리브 가든' 이라는 식당에서 혼자서 3인분의 저녁 식사를 거뜬히 해치웠다.

리가에서 그와 함께 저녁을 먹을 때, 그는 우리들에게 자신의 가족 이야기를 들려주었다.

"나의 아버지는 목사였소. 그는 시베리아 감옥에서 20년간을 죄수로서 보내었지요. 나는 사업가요. 그러나 또한 작은 교회를 시작했지요. 내일 내가 차로 모실 테니 우리 마을을 한 번 방문해 주시오."

그는 젤가바라는 핵무기의 주둔 부대가 있는 곳에서 30 마일 정도 떨어진 곳에 살았다. 제 2차 세계대전 이후로 외국인들은 그 도시를 방문하는 것이 금지되어 있다고 들었다. 그 곳에 가는 동안에 나는 기도를 계속했다.

"주님, 우리가 체포되지 않도록 도와주세요. 주님, 아내에게 은총을 베풀어 주십시오. 아내에게 제가 없으면 무엇을 할 수 있겠습니까?"

그 남자는 우리를 젤가바에 있는 한 식당에 데려갔고 그의 화통한 성격이 다시 한번 돌출되었다. 상관급 군인들이 이곳저곳에 앉아있는 그곳에서 그는 소리를 쳐 사람들의 이목을 우리에게 집중시켰다.

"웨이터, 이리 좀 오시오. 이 사람들에게 음식을 더 갖다 주시오!"

식사를 하는 동안에도 나는 계속 더 열렬하게 기도를 했다.

"하나님 우리를 보호해 주십시오. 체포되지 않도록 도와주십시오!"

우리를 초대한 그는 말을 이었다.

"당신이 해야 할 것이 무엇이겠소? 당신은 여기서 설교를 해야만 해요. 이 도시의 사람들은 복음이 필요하단 말이오."

나는 "그렇고말고요. 그들에게 복음이 필요하지요"라고 맞장구를 쳤지만 속으로 그것이 불가능한 일이라고 생각했다. 우리는 사실 이 곳에 오기로 되어있는 것도 아니었고 더군다나 설교는 더욱 아니었다. 식사를 마친 후 20분 내에 그는 시내의 '문화 회관'이라는 공회당을 빌렸다. 그런 후에 신문사로 가서 광고비를 지불하고는 광고 문구를 읽어 주었다.

"와서 들으시오. 미국에서 온 세계적으로 유명한 두 명의 부흥사가 목요일 밤에 하나님에 관해 설교를 합니다!"

나는 결코 금식을 한 것도 아니었는데 목요일 밤에 무엇을 먹었는지조차 기억나지 않는다. 첫째로 나는 세계적인 유명한 부흥사라고 불리는데 익숙하지 않았고, 둘째, 나는 내 자신이 '감옥에서 평생을 마칠 수 있을 지도 모른다'라고 생각하고 있었다. 그러한 생각들로 인해 나는 식욕을 잃어 버렸다.

목요일 밤 공회당에 도착해 보니 자리가 만원이었다. 빈자리가 하나도 없어서 사람들은 벽에 기대어 서 있었다. 나는 하나님의 사랑과 구원에 대한 계획을 설명하면서 간단하게 구원에 대한 말씀을 전했다. 말씀을 마쳤을 때, 나는 구원을 받아들이기 원하는 사람들은 그들의 손을 들어 표할 것을 요청했다. 그 곳에 모인 모든 사람들이 응답하였다! 나와 통역자 사이에 무엇인가 오해가 있을지도 모른다고 생각해서 나는 구원의 초청에 대해 다시 한번 명확히 설명을 했다. 다시 또 모든 사람들은 구원의 초청을 받아들이기 위해 모두 손을 올렸다. 그들 모두는 제대로 이해를 하고 있었고 하나님과 함께 하기를 원했다. 공산주의는 사람들의 마음을 공허하게 했다. 내가 살아 있는 동안 나는 그들의 얼굴에 나타났던 영적인 갈급함을 잊지 못할 것이다.

말씀을 마친 후, 나는 우리를 초청한 그 사업가에게 말했다.

"몇 년 후면 러시아에 엄청난 부흥의 역사가 일어날 것을 나는 믿소. 하나님을 알고자 하는 갈급함이 있기 때문이오. 성경학교를 세우는 것이 사회 현상이 될 것이오."

그러나 나는 다시 한번 속으로 "그것은 위대한 생각이긴 하지만 불가능한 일"이라고 생각했다. 공산주의 혁명과 2차 세계대전 이후 공산주의 정권이 들어선 이래로 나는 러시아와 발틱에 성경학교가 없는 것으로 알고 있었다.

그는 "우리는 그것을 할 수 있습니다"라고 답변했다.

나는 "무슨 뜻이지요? 거의 50년 이상이나 러시아에 성경학교 혹은 성경대학원이 없었던 것으로 아는데요" 라고 반문했다.

그는 다시 대답하기를 "우리는 신학교를 당장에 여기서 세울 수 있습니다. 내가 당신에게 건물을 사용하도록 해주겠소" 라고 했다.

약 1년 가량이 되었을 때 우리는 신학교를 세우게 되었다. 그 이후로 수많은 학생들이 수업을 듣고 있다. 플로리다로 돌아간 이후, 나는 러시아에서 온 한 방문객으로부터 그 사업가에 관한 놀라운 소식을 들었다.

"그 사업가는 학교를 졸업한 후 수많은 교회를 개척하고 복음전도 집회장을 건립하고 있습니다."

나는 그것이 정말인지 다시 물었다. 내가 다시 들은 대답은 "그는 정말로 놀라웠습니다. 당신이 내게 들은 이 모든 일들을 그가 해냈습니다"라는 것이었다.

그러한 일들은 단지 한 사람의 졸업생이 한 일이었다. 한 사람을 통해 복음이 수 백 명에게 전파되고 온 나라가 말씀으로 회복되는 일은 좀처럼 상상하기 어렵다. 그 모든 일이 언제 시작되었는가? 우리가 '리가' 호텔 거리를 서성거릴 때 한 남자가 다가와서 "내 보스가 당신을 저녁식사에 초대하기 원합니다"라고 말했을 때이다. 그것은 우연의 일치처럼 보이지만 결코 우발적인 사건이 아니었다. 하나님께서 그 모든 일을 지휘하셨다. 우리는 무슨 일이 일어나고 있는지조차 깨닫지 못했다. 실제로 나는 감옥에 곧 갇힐 것이라고 걱정했었다. 그러나 하나님이 우리가 밟아야 할 과정을 예정하셨기 때문에 러시아의 수많은 영혼들이 오늘도 구원을 받고 있다고 확신한다.

4. 3단계 수준: 의도적인 한 움큼의 사랑

당신의 삶이 하나님께 더욱 사랑스러워 질 때 당신에게 하나님의 축복들이 분명히 임하며 또한 당신을 에워싸고 있다. 보아스가 많은 이삭 줍는 사람 중에서 룻을 주목하고 그녀에게 관심을 갖기 시작할 때가 룻이 하나님의 은총을 받은 때이다. 보아스는 룻에 관해 조금 알자 마자 그의 종들을 불러 이렇게 명한다.

> 룻이 이삭을 주우러 일어날 때에 보아스가
> 자기 소년들에게 명하여 가로되 그로 곡식 단 사이에서
> 줍게 하고 책망하지 말며 또 그를 위하여 줌에서
> 조금씩 뽑아 버려서 그로 줍게 하고 꾸짖지 말라 하니라
>
> 룻기 2:15-16

보아스는 룻을 당연한 듯이 보호했다. 보아스는 이삭 줍는 자들 중에서 아름답고 무방비 상태인 룻이 쉽게 뭇 사람들의 희롱거리가 될 것으로 생각하고 그의 젊은 일군들에게 그녀를 가까이하지 말도록 명령을 내렸다.

당신이 이러한 정도로 각별한 사랑을 받는 수준에 이르게 되면 사람들이 주목하게 된다. 사람들이 당신의 진로에 좋은 일들이 일어나는 것을 볼 때 - 즉 당신의 월급이 올라가고 승진을 하고 승승장구 할 때 - 그들이 감동을 받을 수도 있다. 그러나 이 지점에서 꼭 잊지 말아야 할 것이 있다. **"의도적인 한 움큼"의 축복은 궁극적으로 하나님으로부터 오지만 그것은 사람을 통해서 이루어지는 것이다.** 당신은 하나님뿐 아니라 사람들에게도 더욱 사랑스러워 가는 자가 되어 총체적으로 새로운 영역에 들어가게 된다. 지금까지는 우리를 향해 베푸시는 하나님의 은총에 관하여

말했다. 예수님도 자라면서 하나님과 사람 모두에게 더욱 사랑 받는 자가 되셨다. 당신도 그렇게 될 수 있다.

우리는 사람들이 의도적으로 베푸는 한 움큼의 사랑을 어떻게 받을 수 있을까? 당신이 사람들로부터 사랑을 받기 위해서 구체적으로 해야 할 일들이 있다. 룻은 그녀의 삶 속에 사람들로부터 더욱 사랑 받는 자가 될 수 있도록 목적을 갖고 몇 가지 일들을 행했다.

룻은 은총의 삶의 여정을 택했다. 또한 룻의 행실에 대한 소문이 퍼졌다. 보아스가 그의 밭에 나가서 룻에 관해 물었을 때, 일군들은 이렇게 대답한다.

> 베는 자를 거느린 사환이 대답하여 가로되
> 이는 나오미와 함께 모압 지방에서 돌아온 모압 소녀인데
> 그의 말이 나로 베는 자를 따라 단 사이에서
> 이삭을 줍게 하소서 하였고 아침부터 와서는
> 잠시 집에서 쉰 외에 지금까지 계속하는 중이니이다
>
> 룻기 2:6-7

일군들의 보고를 몇 가지 살펴보자.

첫째, 보아스의 일군들은 룻이 모압 여인(이방인)으로써 시어머니와 함께 베들레헴을 선택한 여인으로 알고 있었다.

둘째, 일군들은 룻을 예의 바른 여인으로 알고 있었다. 즉 룻은 밭에서 이삭줍기를 허락받기 위해 관례를 따라 보아스의 감독자에게 부탁을 했다.

셋째, 일군들은 룻을 열심히 일하고 자신의 직무에 충실한 여인으로 보고했다.

룻 이름의 뜻은 '아름다움' 이다. 그녀의 이름처럼 룻의 아름다운 내적인 자질들은 즉각적으로 보아스를 사로잡았다. 왜냐하면 룻의 그러한 성품들은 그녀의 행위를 통해 나타났기 때문이다. 룻이 그녀의 단아함으로 남성의 관심을 끌었을 수도 있었겠지만, 내 생각엔 룻이 남성의 관심을 끄는데 집중한 그러한 여인이 아니었다고 여겨진다. 대신에 룻은 그녀에게 맡겨진 직무에 충실하면서 나오미와 자신의 생계를 꾸리는데 집중했다. 그렇게 함으로써 룻은 보아스의 마음을 사로잡았고 그에게 더욱 사랑받는 여인이 되었다. 보아스는 그의 밭에서 룻이 다른 여인들과 함께 이삭을 줍고 다른 곳에 가지 않도록 계속해서 살펴 주었다.

그는 룻을 보호해 줄 것을 약속했고 그의 종들이 가져온 마실 물과 음식을 먹고 기운을 차릴 수 있도록 배려해 주었다.

이러한 새로운 사건이 룻기의 절정을 이룬다. 룻이 선택한 삶의 여정은 비록 '더욱 사랑 받는 자' 의 삶이었지만 결코 쉬운 길이 아니었다. 룻은 어쩌면 새로운 고향에서의 친절에 대한 작은 보답으로서 자기훈련인 자제심, 헌신, 희생을 치렀을 것이다. 보아스가 룻을 친절하게 대접했을 때 룻은 고개를 숙여 땅에 닿도록 절을 하면서 그에게 "나는 이방 여인이어늘 당신이 어찌하여 내게 은총을 베푸시며 나를 돌아보시나이까?" 라고 말한다.

왜 룻이 더 큰 사랑을 받을 수 있었나? 보아스는 룻에게 이렇게 대답한다.

네 남편이 죽은 후로 네가 시모에게 행한 모든 것과

네 부모와 고국을 떠나 전에 알지 못하던

백성들에게로 온 일이 내게 분명히 들렸느니라

여호와께서 네 행한 일을 보응하시기를 원하며

이스라엘의 하나님 여호와께서

그 날개 아래 보호를 받으러 온 네게

온전한 상을 주시기를 원하노라

룻기 2: 11-12

많은 사람들 중에서 룻은 뛰어난 성품 때문에 더욱 사랑 받는 자가 된다. 룻은 충성스럽고, 신실하며, 공손하고 열심히 일하는 겸손한 일군이었다. 오늘날은 다른 사람 앞에서 땅에 얼굴을 대고 인사하지 않지만 지구촌 몇몇 곳에는 아직도 그렇게 행하고 있으며 그것은 겸손의 상징이기도 하다. 만일 은총을 받지 못하는 삶을 살기 원한다면 자만한 삶을 살아라. 그러나 만일 은총의 삶을 체험하고 싶다면 겸손하라.

베드로전서 5장 5절은 이렇게 말한다.

젊은 자들아 이와 같이 장로들에게 순복하고

다 서로 겸손으로 허리를 동이라 하나님이 교만한 자를

대적하시되 겸손한 자들에게는 은혜를 주시느니라

베드로전서 5:5

우리가 교만하면 하나님 뿐 아니라 사람들도 우리를 견제한다. 겸손할 때 은총이 우리의 삶에 찾아온다 - 이상의 맥락에서 '은혜'(Grace)라는 단어는 '은총'(Favor)을 의미한다. 겸손이란 우리가 배로 기어 다니라는 의미가 아니다. 겸손이란 우리의 정체성을 깨닫고 하나님이 우리를 만드셨음을 믿고, 하나님의 은총이 우리의 삶을 인도하심을 알아가는 것을 뜻한다. 룻은 이러한 것을 알았기에 이방신이 있는 고향으로 귀환하기보다는 이스라엘의 하나님을 따르기로 결심한 것이다.

보아스는 룻의 태도와 행위들에 대해 깊은 인상을 받았다. 룻은 선한 일을 행함으로써 더욱 사랑 받고 사람들의 주목을 받는 자가 된다. 룻은 은총을 좇아가는 여인이었다! 룻은 은총을 추구하는 일에 대해 수줍어하거나 게으름을 피우지 않았다. 우리 또한 룻의 발자취를 따르며 더욱 사랑 받는 자가 되기 위해 분투해야 한다.

룻은 한 번 결단한 삶의 길을 벗어나지 않았다. 룻은 하나님이 구원해 주심을 알았다. 하나님은 룻의 삶의 여정을 정해놓으셨고 룻은 때를 맞춰 적절한 장소에 있었다. 바로 그 때에 보아스는 룻을 위해 의도적으로 한 움큼의 사랑과 은총을 베풀게 된다. 그런데도 룻은 여전히 더욱 사랑 받는 자가 되려고 노력한다. 룻은 오만하지 않았고 한번도 보아스에게 분에 넘치는 요청을 하지 않았다. 그러나 룻은 보아스가 베푸는 은총에 대해 감사를 표했다. 룻은 은총의 문이 열려 있음을 깨닫게 되자, 보아스에게 심지어 이렇게 말한다.

> 룻이 가로되 내 주여 내가 당신께 은총 입기를 원하나이다
> 나는 당신의 시녀의 하나와 같지 못하오나
> 당신이 이 시녀를 위로하시고

> 마음을 기쁘게 하는 말씀을 하셨나이다
>
> 룻기 2:13

룻의 이야기는 은총이 성공과 실패의 차이를 만든다는 것을 보여준다. 은총은 놀랍게도 계속 우리를 향해 열려 있다. 우리가 하나님 안에서 다른 사람들을 축복할 때 은총의 축복을 누리게 된다. 룻과 보아스의 사이에서 발생한 일처럼 우리의 능력밖에 있는 기적같은 일들이 하나님의 은총 속에 예비되어 있다. 다음 장에서 우리는 더 깊은 은총의 단계에 대해 살펴보겠지만 여기서 룻에 대해 꼭 짚어보고 가야 할 것이 있다. 룻이 그러한 은총을 경험할 수 있었던 한 가지 이유는 단지 그녀가 외출하기 전에 은총을 마음으로 고백했을 뿐 아니라, 돌아온 후에도 진심 어린 마음으로 은총에 대해 감사하는 마음을 가졌다는 점이다. 룻은 보아스에게 후히 대접 받고 나오미에게 돌아와서 이렇게 말한다.

> 룻이 시모에게 이르니 그가 가로되
> 내 딸아 어떻게 되었느냐
> 룻이 그 사람의 자기에게 행한 것을 다 고하고
>
> 룻기 3:16

룻은 그녀의 구원자가 된 보아스의 관대함을 전했다. 번역 성경 시편 107편 15절에서는 이렇게 전한다.

> 여호와의 인자하심과 인생에게 행하신

> 기이한 일을 인하여 그를 찬송할지로다
> 그리고 그것을 고백할 지로다)
>
> 시편 107: 15

룻처럼 우리의 구속자 되신 예수 그리스도의 사역을 기쁨으로 인정해 드릴 때, 우리도 엄청난 강같은 은총을 누릴 수 있을 것이다. 사도행전에 보면 교회가 탄생하고 도약하고 발전할 때 어떠한 일이 발생했는가? 오순절 때 모여든 여러 민족들과 다양한 언어의 사람들이 갈릴리 제자들의 말씀을 이해한 놀라운 일을 생각해 보라.

> 그레데인과 아라비아인들이라 다 우리의 각 방언으로
> 하나님의 큰 일을 말함을 듣는도다 하고
>
> 사도행전 2:11

성도의 수가 하루에 3천 명씩 늘었고, 성도들이 그리스도의 놀라운 사역들을 전파할 때마다 그 수가 계속해서 더해졌다. 시편 107편 2절은 이렇게 강조한다.

> 여호와께 구속함을 받은 자는 이같이 말할지어다
> 여호와께서 대적의 손에서 저희를 구속하셨다
>
> 시편 107:2

구원자 예수님은 우리를 위해 모든 일을 이루셨다. 당연히 구원을 허락하셨을 뿐 아니라 주님은 알콜중독, 노름, 또는 파괴되고 중독된 것으로부터 우리를 해방시키셨다. 또한 주님은 우리의 깨어진 가정과 가족 간의 관계를 회복시키셨다.

당신의 구원자가 행하신 영광스러운 일을 전파하라. 고향에 있는 가족이나 이웃들은 당신이 과거에 묶였던 똑같은 문제들을 갖고 있을 수 있다. 그러나 그들은 복음에 대한 설교나 성경에 대해 들어보지 못했을 지도 모른다. 당신이 삶의 여정 속에서 방황할 때 그러한 말씀을 들어 본 적이 있었는가? 아마도 못 들었을 것이다. 비록 말씀을 전하는 목회자나 신학자들이 해야 할 일이기도 하지만, 사람들을 하나님께 이끌어 내는 것은 당신의 간증과 증거이다. 사람들은 자신들과 똑같은 문제로 고통당한 당신을 하나님께서 어떻게 다른 모습으로 만드셨는지를 알게 될 때 그들은 하나님께 관심을 갖게 된다. 그들은 거리에서든지 일터에서든지 '하나님이 하신 일들'을 듣기 원한다. 사람들은 하나님의 살아계심과 하나님이 오늘 삶의 현장에서 일하고 계심을 보길 원한다. 또한 그들은 우리의 삶 속에서 하나님의 은총의 능력을 보기 원한다. 우리가 하나님이 주신 은총을 큰 소리로 인정해 드릴 때 누군가를 역경으로부터 건져 내는 데 일조(一助)하는 것이다.

5. 열쇠를 꽂아라!

우리의 삶 속에서 룻처럼 하나님과 사람에게 '더욱 사랑 받는 자'가 되는 것을 체험하지 못했는가? 더욱 사랑 받는 자가 되는 법은 마치 자동차에 시동을 거는 것과 같은 것이다. 우리가 차 안에 있다고 가정해 보자.

우리가 자동차 안에 감싸 있는 것과 마찬가지로 계속해서 하나님의 은총이 우리를 감싸고 있다. 그러나 만일 우리가 차 열쇠를 꽂고 시동을 걸지 않는다면 아무데도 갈 수 없다.

   차의 시동을 걸기 위해 열쇠를 꽂는 행위가 필요하듯이, 우리가 더욱 큰 은총의 수준에 이르기 위해서는 구체적인 단계들을 밟아야 한다. 먼저 룻처럼 하나님을 우리의 왕으로 받아들여야 한다. 그런 후 신실함과 겸손함을 지닌 선한 성품으로 다듬어 지도록 훈련하라. 하나님께로부터 받은 사명을 견디어 낼 때 하나님은 우리가 거쳐야 할 길을 정해 놓을 것이다. 룻처럼 어디를 가든지 사랑받는 자임을 간증하라. 자동차를 운전하기 위해 열쇠를 꽂고 힘껏 시동을 당기는 것과 마찬가지로 더욱 은총을 받기 위해서는 구체적인 단계를 밟아야 한다. 룻처럼 당신도 더욱 사랑받는 자가 될 때 하나님은 당신을 새로운 곳으로 인도해 주실 것이다.

제 8 장
더욱 사랑 받는 리더가 되라

모든 리더십의 수준마다 은총이 따른다. 지도자가 되기 위해서 높은 계급이어야 할 필요는 없다. 직위가 무엇이든 상관없이 우리가 더욱 사랑 받는 자가 된다면 우리의 리더십과 영향력은 크게 향상 될 것이다. 우리가 어떠한 지위에 있든지 사랑 받는 자가 될 때, 비로소 지도력을 행할 수 있다. 새로이 각별한 사랑을 받게 될 때, 우리는 새로운 수준의 영향력을 행사할 수 있다. 권위자의 총애를 받는 사람들이 어떻게 그들의 권위자에게 더 많은 것을 요청할 수 있는지를 살펴보자.

구약 성경의 에스더와 느헤미야는 왕 앞에서 소원을 아뢰기 위해 "만일 왕의 목전에서 은총을 입었으면…"이라는 말로 말문을 연다. 에스더와 느헤미야의 요청이 재빨리 수락 된 것은 그들이 왕의 총애를 얻었기 때문이다(에스더 7:3; 느헤미야 2:5). 당신이 사랑 받는 자라면 당신이 원하는 응답을 얻게 된다. 그러나 당신에게 사랑의 수고가 없다면 그 요청은 거부될 것이다. 사람들은 당신의 요청에 반응하는 것이 아니라, 당신에게 응답하는 것이다. 즉 당신이 더욱 올바른 접근과 태도를 배우면 배울수록 사람들은 당신의 요구를 더 잘 들어주게 될 것이다.

또한 당신의 배려가 다른 사람들까지도 축복으로 이끌게 된다. 그것이 바로 은총을 간구하는 유명한 야베스의 간청의 기도이다.

> 야베스가 이스라엘 하나님께 아뢰어 가로되
> 원컨대 주께서 내게 복에 복을 더하사
> 나의 지경을 넓히시고 주의 손으로 나를 도우사
> 나로 환난을 벗어나 근심이 없게 하옵소서 하였더니
> 하나님이 그 구하는 것을 허락하셨더라
>
> 역대상 4:10

야베스는 그의 영향력의 '지경'이 넓어지면 많은 사람들을 도와주고자 하는 동기로 간청의 기도를 드렸다. 그는 다른 사람들을 축복하려는 마음의 기도를 드렸을 것이다. 심지어 자신이 근심을 제공하는 사람이 되지 않기를 간구했을 것이다. 우리가 이미 살펴보았듯이, 구약성경에서 나오는 이름들처럼 그의 이름의 뜻도 중요하다. 야베스의 뜻은 '고통/ 수고'라는 뜻이다. 그러나 야베스는 그의 이름처럼 살기를 원하지 않았다. 그는 이름과 반대되는 것, 즉 자신이 축복의 사람이 될 것을 간청했다. 결국 하나님은 그의 요청을 들어주었다.

야베스처럼 이웃의 삶에 더욱 긍정적인 영향력을 끼치기를 원한다면 다른 이들을 축복하라. 당신이 더 많은 은총을 베풀 때, 더 많은 것을 거두어들이게 될 것이다. 당신에게 너무 많은 은총이 넘쳐 나서, 결코 당신이 그 모든 은총을 담아낼 수 없는 지점까지 이르게 될 것이다. 따라서 당신은 그 넘치는 은총을 주위에 나누어줘야 하는 길을 찾아야만 한다. 이것은 우리가 지닐 수 있는 선한 고민이다. 당신이 받은 축복들을 자신만을 위해 붙들어 놓지 말라. **또한 모든 것이 넘쳐 들어오되 아무것도 흘러 나가지 않는 저수지**인 '사해 바다'(the Dead Sea)와 같은 사람이 되지 말아야 한다. 자기가 받은 축복을 나눌 줄 모르는 것은 자신의 영적 성장의 과정을 방해하거나 죽일 수 있는 지름길이다. 하나님의 은총에 주파를 맞추는 법을 배우는 것이야말로 더욱 사랑받는 자가 될 수 있는 길이다.

예수님은 오늘날 대부분의 책에서 발견할 수 있는 '지도자가 되는 법'과 상반되는 제안을 하신다. 예수님은 제자들에게 말씀하신다.

> 예수께서 제자들을 불러다가 가라사대
> 이방인의 집권자들이 저희를 임의로 주관하고
> 그 대인들이 저희에게 권세를 부리는 줄을
> 너희가 알거니와 너희 중에 누구든지
> 으뜸이 되고자 하는 자는 너희 종이 되어야 하리라
> 인자가 온 것은 섬김을 받으려 함이 아니라
> 도리어 섬기려 하고 자기 목숨을
> 많은 사람의 대속물로 주려 함이니라
>
> 마태복음 20:25-28

리더십은 당신의 편을 많이 확보하는 것을 의미하지 않는다. 사람들이 당신으로부터 본받을 가치를 발견했을 때 당신의 리더십이 발휘된다. 리더십은 자신을 이끌 수 있을 때 시작된다. 사도행전 20장 28절을 보면, 바울은 이런 관점에서 교회의 지도자들을 가르친다.

> 너희는 자기를 위하여 또는 온 양떼를 위하여 삼가라
>
> 사도행전 20:28

지도자들은 먼저 자신을 경계해야 한다. 그런 후 양떼를 위해 조심해야 한다. 디모데전서 3장을 보면, 바울은 장로나 집사의 자질을 위해 인격의 중요성을 강조하고 지도력이나 소질은 조금만 다룬다.

리더십은 자기 자신으로부터 시작된다. 만일 자신을 통제하고 이끌 수 없다면, 당신은 어느 누구도 이끌 수 없다. 자신을 먼저 경계하라. 즉 당신이 하나님을 왕으로 모시고 그분의 은총 속에 머물면서 겸손하게 하나님과 동행하고 있는지를 살펴보라. 만일 그렇게 행하고 있다면, 당신은 리더십을 행할 수 있다. 사람들이 당신을 따를 것이며 당신을 통해서 축복을 받게 될 것이다.

1. 4단계: 은총으로 얻게 되는 혜택

앞에서 우리는 구원을 체험하는 것에 관해 말했다. 하나님은 우리를 위한 구원의 경험의 단계들을 정하시고 의도적인 한 움큼의 사랑을 준비하신다. 구약성경의 많은 인물들 가운데 특히 룻은 어떻게 하나님과 사람에게 각별한 사랑을 받는 수준에 이르게 되는지를 잘 보여 주는 예이다. 룻은 각별한 사랑에 힘입어 더 많은 소원을 성취했다. 룻 뿐만 아니라 느헤미야 역시 권위자의 총애를 얻어 자신의 요구를 통과시키는 법을 알고 있었다. 느헤미야는 페르시아의 아닥사스다 왕 1세가 신뢰하던 술 관원이었다.

술 관원이었던 유대인 느헤미야는 예루살렘 성벽이 무너지고 성문이 불탄 것을 듣게 되었다. 느헤미야는 너무나 고통스러웠다. 심지어 왕의 잔에 술을 따르면서도 그의 마음에서 슬픔을 떨쳐 버리지 못했다. 페르시아 군주시대에는 왕 앞에서 모든 사람들이 행복한 모습을 보여야 했다. 혹여 왕 앞에서 의기소침만 하여도 죽음을 모면하지 못했다. 왕은 느헤미야의 모습을 보고는 이렇게 묻는다.

> 네가 병이 없거늘 어찌하여 얼굴에 수색이 있느냐
> 이는 필연 네 마음에 근심이 있음이로다
>
> 느헤미야 2:2

느헤미야가 그의 얼굴에 수심을 보인 것에 대해 크게 두려워한 것은 당연하다.

"... 그 때에 내가 크게 두려워하여"라고 느헤미야는 2장 2절에서 말한다. 느헤미야는 즉시 겸손하게 아뢴다.

> 왕께 대답하되 왕은 만세수를 하옵소서
> 나의 열조의 묘실 있는 성읍이 이제까지 황무하고
> 성문이 소화되었사오니 내가 어찌 얼굴에 수색이 없사오리이까
>
> 느헤미야 2:3

이러한 대답은 왕을 대적하는 말이 될 수 있다. 그러나 느헤미야는 왕이 그를 불쌍히 여길 것을 기대했다. 감사하게도 그는 왕의 사랑을 입은

자였다. 그의 의도가 이루어졌다. 왕은 느헤미야를 이해해 주었다. 그리고는 이렇게 물었다.

네가 무엇을 원하느냐?
느헤미야 2:4

느헤미야는 한 통치자를 설득하기 위해 아주 지혜로운 방법을 택한다.

내가 곧 하늘의 하나님께 묵도하고
왕에게 고하되 왕이 만일 즐겨하시고
종이 왕의 목전에 은총을 얻었사오면
나를 유다땅 나의 열조의 묘실 있는
성읍에 보내어 그 성을 중건하게 하옵소서 하였는데
느헤미야 2:4-5

느헤미야가 첫 번째 한 일을 주목하라. 그는 왕 앞에서 두려움으로 떨었다. 그리고 왕에게 간청하기에 앞서 **하나님께 먼저 기도를 드렸다.**

우리의 직장 상사나 혹은 권위자들 앞에 다가가기 전에 우리가 해야 할 첫 번째 일은 기도이다. "하나님 저를 도와주세요!"와 같은 짧은 기도라도 하나님은 들어 주신다. 가끔 많은 사람들은 "나는 많은 기도시간이 필요해. 집에 가서 한 시간 정도 기도를 해야지"라고 생각한다. 그러나 나중에 기도하는 한 시간보다 갑작스런 위기의 순간에 더 많은 기도를 할 수 있다.

다른 사람들이 당신에게 "나를 위해 기도해 주시겠어요?"라고 요청할 때 나중에 기도해 주겠다는 약속을 남긴 채 그들을 그냥 돌려보내지 마라. 가끔 가장 최선의 일은 그들의 손을 당장이라도 잡고 10초나 15초 동안 기도해 주는 것이다. 우리도 느헤미야처럼 우리의 상사나 지도자 밑에서 어려운 일을 만나게 된다. 그 때 단 몇 분이라도 하나님께 도움을 청하라.

그 다음 느헤미야는 **왕에게 요구를 한 것이 아니라 부탁을 했다.** 당신은 상사에게 가서 "나는 이것을 꼭 해야 합니다"라고 말한 적이 있는가 생각해 보라. 이러한 요구는 거의 잘 이루어지지 않는다. 느헤미야의 태도는 겸손하고 순종적인 태도였다. 그는 요청하기 위해 이렇게 말문을 연다: "왕이 만일 즐겨하시고 종이 왕의 목전에서 은총을 얻었사오면.." (느헤미야 2:5). 그리고 나서 느헤미야는 "나를 보내어"라고 자기의 뜻을 나타낸다. 결국 왕은 그의 요구를 수락한다.

신실한 술 관원으로서 **좋은 성품**을 지닌 느헤미야는 마침내 행복한 날을 맞이하게 된다. '**신실한 술 관원**'으로 묘사된 것처럼 느헤미야의 좋은 성품은 자신에게 유익이 되었다. 느헤미야는 그의 좋은 성품 때문에 왕을 설득할 수 있었다.

2. 구하라, 그러면 얻을 것이다

룻의 탁월한 성품과 태도는 그녀 자신에게 도움이 되었다. 또한 그녀의 아름다운 성품은 하나님과 보아스에게 각별한 사랑을 받아 더 많은 축복을 누리도록 해주었다. 보아스는 일찍이 룻에 대한 좋은 평판을 듣고 있었고 그녀에게 호의를 베풀었다. 룻이 이러한 은총을 받게 되자 시어머니 나오미는 룻이 보아스에게 접근하도록 작전을 짠다.

이스라엘 전통에 의하면 남편이 유업을 남기지 않고 죽을 경우, 미망인이 된 여인은 남편의 친척과 결혼을 해서 그 유업을 이어야 하는 법적인 책임이 주어졌다. 나오미의 권고로 룻은 부유하고 명성있는 친척 보아스에게 결혼을 제의했다. 나오미와 룻은 이것이 너무나 힘든 요청이라는 것을 알았기에 엄청나게 수고스러운 준비를 한다. 시어머니는 너무나 착한 며느리가 행복하고 평안하게 사는 것을 보고 싶었다. 시어머니는 룻에게 이렇게 말했을 것이다.

"목욕을 정결히 하고, 화장을 하고 샤넬 No.5 향수를 뿌려라. 이 세상에서 최고로 멋진 옷을 입어 보렴!"

자신을 매력적으로 보이기 위해 이러한 준비는 지혜로운 것이다. 우리는 옷을 유혹적이거나 부적절하게 입지 말아야 한다. 그러한 옷차림은 마음을 바꿔놓을 수 있어도 우리의 생각을 바꾸지 못하기 때문이다. 그러나 옷을 매력적으로 입지 말라는 뜻은 아니다.

몇 년 전, 나에게 한 친구가 있었다. 그의 아버지는 유명한 선교사였는데 나오미와 같은 방식으로 아들의 결혼 문제를 해결했다. 한 젊은 여성이 내 친구를 사귀어 보려고 했다. 그녀는 기도를 먼저 하고 그의 아버지에게 접근했다. 그녀는 정말 착하고 귀여운 여인이었지만 첫 인상이 그렇게 보이지 않았다. 그녀의 내적인 겸손은 너무나 소중한 것이었다. 그러나 그녀의 외적인 차림새가 전혀 주목을 끌지 못했다. 그녀는 소위 말해서 '아줌마 옷' 같은 것을 입고 다녔다.

내 친구의 아버지는 그녀에 대해 잘 알았고 좋아했기 때문에 그녀에게 이렇게 조언했다.

"나는 네가 내 며느리가 된다면 더 바랄 것이 없겠구나. 그런데…"

그리고는 지갑에서 40만 원 정도를 꺼내서 그녀에게 주면서 말했다.

"내 아들에게 접근하기 전에 멋진 옷을 몇 벌 사서 입어라."

당신은 아마도 이렇게 생각할 수도 있다.

"그러나… 성경은 하나님은 마음의 중심을 보신다고 하셨지 않은가?"

그러나 내 친구의 아버지는 이렇게 생각했을 것이다. '그 여인은 하나님이 아니라 그의 아들과 결혼하기를 원한다' 고 말이다. 그의 아들은 그녀를 먼저 만날 것이다. 또한 외적으로 관심을 갖게 될 때, 다시 만나게 되고 서로의 내면세계를 알 수 있을 것이다. 결국 그녀는 장차 시아버지 될 분의 조언을 받아 들였고 내 친구의 마음을 사로잡게 되어 결혼에 이르렀다.

분명히 나오미는 보아스도 외모를 주목할 것을 알았다. 내 친구의 아버지처럼 나오미는 며느리 룻이 최고로 멋지게 보일 것을 원했다. 나오미는 룻에게 더 많은 것을 지시했다.

> 그가 누울 때 너는 그 눕는 곳을 알았다가
> 들어가서 그 발치 이불을 들고 거기 누우라
> 그가 너의 할 일을 네게 고하리라
>
> 룻기 3:4

이것은 겸손한 행위였다. 룻은 성취해야겠다는 한 가지 이유로 인해 굴욕스러움을 감수했다.

첫째, 룻은 시어머니의 조언을 자만하게 받아들이지 않았다.

> 룻이 시모에게 이르되
> 어머니의 말씀대로 다 행하리이다 하니라
> 룻기 3:5

그 후 룻은 보아스의 발치에 이불을 들고 누웠다. 이러한 두 가지 행위는 그녀에 대한 보아스의 보호에 절대적 복종의 몸짓을 보이는 태도다. 그 당시 문화권에서 누군가의 발을 만지거나 잡는 것은 겸손한 사람 혹은 종의 행위를 뜻한다. 마치 예수님께서 그의 제자들의 발을 씻겨 주는 것과 같은 것이다.

보아스가 룻에게 관심을 보였을 때 룻은 비로소 그녀의 요구를 말한다.

> 가로되 네가 누구뇨 대답하되 나는 당신의 시녀 룻이오니
> 당신의 옷자락으로 시녀를 덮으소서
> 룻기 3:9

보아스는 그녀가 결혼제안을 하고 있다는 것과 그것이 합법적인 것이라는 것도 알았다. 그는 룻이 젊은 남자들을 따르지 않은 것을 인애(仁愛)라고 칭찬하며 그것을 최고의 총애받을 만한 가치로 여겼다.

> 내 딸아 두려워 말라 내가 네 말대로

> 네게 다 행하리라 네가 현숙한 여자인줄
> 나의 성읍 백성이 다 아느니라
>
> 룻기 3:11

보아스는 아침에 일어나서 즉시 룻의 요청들을 수행한다. 보아스는 결혼 문제를 해결하기 위해 성문으로 간다. 그는 떠나기 직전까지도 룻에게 더 각별한 사랑을 베풀기 위해 겉옷을 가져오라 부탁한다. 보아스는 그녀의 겉옷에 보리를 여섯 번 되어 룻에게 이워 주었다. 그것은 아마도 현재의 계량법으로 20 혹은 25 킬로그램 정도 되는 양이다. 따라서 그녀는 보리를 시어머니에게 가져갈 수 있었다.

고대(古代)시대의 겉옷은 종종 물건을 싸서 갖고 다니는 기능을 하곤 했다. 오늘날도 어떤 문화권에서는 믿기지 않게도 겉옷으로 무거운 짐들을 실어 나르기도 한다. 우리 부부가 선교사로 멕시코에서 오토미 원주민들과 지낼 때, 아내는 그들이 '야트'라 부르는 쇼울 형태의 겉옷으로 어린 아들을 옮기곤 했었다. 우리가 그것을 조용한 장소에 매달아 놓으면 아이가 낮잠을 편하게 잤다.

룻은 그녀의 겉옷으로 꽤 무거운 짐을 이고 갔다. 룻은 보아스의 배려가 보아스의 사랑의 표현임을 알았다. 보아스가 룻에게 더 많은 것을 베푸는 것은 별로 어려운 일이 아니었지만 룻은 그것조차 감당할 수가 없었다. 보아스는 그의 너그러운 선물을 그녀가 짊어지고 갈 수 있을 만큼 가져가도록 해야만 했다(룻기 3:15).

우리가 각별한 은총을 받는 수준에 이르게 되면 하나님은 우리가 최대한 감당할 수 있을 만큼 모든 것을 더 하신다. 하나님은 우리가 수용할 수 있는 모든 은총을 허락하신다. 그것은 하나님이 마치 이렇게 물으시는 것과 같다.

"너는 얼마나 짊어질 수 있지? 너는 얼마만큼의 사랑을 받기 원하지? 내가 너를 위해 모든 것을 행하리라." 이처럼 모든 것이 후히 되어 누르고 흔들어 넘치도록 하여 당신에게 안겨 줄 것이다(누가복음 6:38).

종종 이런 종류의 은총은 하나님으로부터 시작되어 사람을 통해서 전달된다.

만일 우리가 평판이 좋고 상관들에게 올바른 태도로 대한다면, 상관들은 즐거이 우리의 요청을 들어줄 것이다. 그들은 당신의 좋은 성품과 정직함을 꾸준히 관찰해 왔으므로 당신에게 모든 축복의 기회들을 주고 싶을 것이다. 이것이 나오미와 룻이 경험한 은총의 종류이다. 또한 이것은 당신에게도 동일하게 발생할 수 있다.

당신의 즉각적인 소원이 이루어지지 않을 때라도 당신은 미래를 위해 사랑받는 자가 되기로 결심하라.

> 누구든지 자기를 높이는 자는 낮아지고
> 누구든지 자기를 낮추는 자는 높아지리라
>
> 마태복음 23:12

3. 왜 은총이 흘러넘치지 않을까?

우리가 직장에서 모든 일을 올바르게 할지라도 은총이 우리에게 흘러넘치지 않을 수 있다. 당신이 직장에서 은총을 받지 못하는 이유를 어떻게 알 수 있을까? 몇 가지 '자기점검표'를 제시하겠다.

A. 직장에서 당신의 태도는 어떠한가?

당신이 '하나님의 통치하에 일해야 한다'는 것을 명심하라.

> 무슨 일을 하든지 마음을 다하여
> 주께 하듯 하고 사람에게 하듯 하지 말라
>
> 골로새서 3:23

기독교인들은 탁월한 직장인들이어야 한다. 우리는 직장상사 뿐 아니라 하나님을 위하여 일하는 것이다. 업무 수행이 항상 우선이 되어야 한다. 당신은 직장 출근표에 도장을 찍기 전에 몇 초 정도 꾸물거리면서 잡담을 하지 마라. 쉬는 시간에 15분 정도 더 지체하여 30분 후에나 나타나는 일도 없어야 한다. 상사를 섬기는 기독교인들의 태도는 달라야 한다. 모든 사람들이 당신을 어떤 일이든 탁월하게 해내는 사람으로 알아야만 한다.

B. 당신은 원한과 분노를 담고 있는가?

만일 당신이 직장상사나 혹은 동료들에 대해 원한 또는 분노를 품고 있다면 당신의 행동에 나타날 것이다.

내 영혼의 괴로움을 인하여 원망하리이다

욥기 7:11

당신의 감정이 괴로운 만큼 행동으로 나타날 것이다. 고용주가 좋아하지 않는 사람은 불만스러워 하고 불평하는 고용인이다. 당신의 불평하는 태도는 – 마음으로든 큰 소리로 하든지 – 원한과 분노의 뿌리를 내리게 하며 당신의 업적과 미래의 좋은 기회를 망치는 요인이 된다.

C. 당신은 믿음의 고백을 하는가?

우리는 '더욱 사랑 받는 자' 가 되기 위한 과정들을 이미 살펴보았다. 그러한 과정들은 계속적으로 반복되어야 한다. 당신은 직장에서도 은총을 받기 위한 전략을 갖고 있는가? 당신이 배운 이러한 영적인 교훈들을 일터에서도 실행하기로 결심하라. 어디를 가든지 더욱 사랑 받는 자가 될 것을 기대하라. 당신은 자신의 과업이 인정받게 될 것을 입술로 고백하라. 하나님은 당신의 입술의 열매를 지으신 분임을 기억하라.

D. 당신의 일터는 적절한 곳인가?

억지로 일하는 곳보다 기쁘게 일할 곳을 찾아라. 우리는 인정받는 곳에서 일하기를 원한다. 당신이 만일 하나님께 하듯이 일을 한다면 고용주는 마땅히 당신을 인정해 주어야만 한다. 그러나 만약 고용주가 당신의 노력을 인식하지 못하고 어떠한 대가도 베풀지 않는다면 당신의 제안이나 좋은 착안들은 무용지물(無用之物)이 될 것이다. 어쩌면 당신은 잘못된 사람들과 잘못된 직장에서 일하고 있을지도 모른다.

보아스는 룻에게 룻이 장차 은총을 입을 장소인 그의 밭에 머물라고 요청했다. 하나님의 은총이 당신에게 흐르는 곳에서 일하라. 하나님의 은총이 멈춘 곳에서 일하지 마라. 당신의 일터가 하나님의 은총이 멈춘 곳이라면 나오미처럼 당신의 입장을 재고하라. 먼저 당신의 태도와 행동들을 점검하라. 그런 후, 당신이 다시 한번 각별한 사랑을 받을 수 있는 일터를 찾아 전진해 나아가라.

4. 5단계: 축복을 나누는 사람이 되기 위해서 축복을 받아라

성경은 우리에게 말씀한다.

> 주라 그리하면 너희에게 줄 것이니 곧 후히 되어
> 누르고 흔들어 넘치도록 하여 너희에게 안겨 주리라
>
> 누가복음 6:38

당신이 다른 사람들과 하나님께 받은 은총을 나눈다면, 당신은 곧 은총을 되돌려 받게 될 것이다. 하나님은 당신에게 보답하실 것이다.

룻의 아름다운 성품 중 하나는 자신만을 위해 축복을 쌓아 두지 않았다는 점이다. 룻은 자신을 위해 많은 것을 원하지 않았다. 그녀는 시어머니와 함께 나누기 위해 더 많은 축복을 원했다. 룻이 그녀가 받은 축복을 나누었을 때, 그 축복들이 그녀에게 몇 갑절로 돌아왔다. 밀 이삭을 주운 지 얼마 후, 룻은 이삭을 주었던 바로 그 땅의 주인인 보아스의 아내가 된다.

보아스는 룻이 얼마나 그의 시어머니를 잘 섬기는지를 알고 있었다. 보아스는 다음과 같이 룻을 축복한다.

> 여호와께서 네 행한 일을 보응하시기를 원하며
> 이스라엘의 하나님 여호와께서 그 날개 아래 보호를
> 받으러 온 네게 온전한 상 주시기를 원하노라
>
> 룻기 2:12

보아스는 룻의 행동을 칭찬하고 식사에 룻을 초대한다. 이때 룻의 반응이 중요하다.

> 룻이 곡식 베는 자 곁에 앉으니
> 그가 볶은 곡식을 주매 룻이 배불리 먹고 남았더라
>
> 룻기 2: 14

왜 룻은 '남겼을까?' 룻의 행동은 하나님 나라의 원칙을 보여준다. 즉 우리에게 주어진 것이 모두 자신만을 위한 것이 아니라는 것이다. 즉 당신은 단 얼마라도 돌려주기 위해 남겨야만 한다. 처음의 몫은 하나님께 십일조를 드리기 위한 것이고, 또 나머지 몫은 이웃을 위해서 심어야 하며 또 몫의 일부는 저축이나 투자를 위한 것이다. 당신이 살림살이에 하나님의 은총을 받으려면 십일조로 하나님을 영화롭게 해야 한다. 또한 당신이 이웃을 위해 뿌린 씨는 당신 스스로를 위한 수확이 될 것이다. 그리고 하나님이 당신의 창고에 복을 부으시기를 원한다면 돈의 일부를 저축해야 한다.

"나는 그 모든 것을 할 수 없어요. 나는 가까스로 살아가거든요!" 라고 당신이 생각할지도 모르겠다. 만일 이렇게 생각한다면, 당신이 축복의 일부를 심는 원칙을 적용할 수 없다. 그러나 만일 이러한 원칙을 꾸준히 따른다면 당신은 가까스로 살아가는 것이 아니라 훨씬 더 나은 삶을 살게 될 것이다.

첫째, 당신 수입의 처음을 십일조로 하나님께 영화롭게 하라. 이렇게 하면 하나님의 축복이 당신에게 넘칠 것이다.

> 만군의 여호와가 이르노라 너희의 온전한 십일조를
> 창고에 들여 나의 집에 양식이 있게 하고
> 그것으로 나를 시험하여 내가 하늘 문을 열고
> 너희에게 복을 쌓을 곳이 없도록 붓지 아니하나 보라
> 말라기 3:10

하나님의 축복이 모든 것을 바꿀 것이다! 하나님의 축복이 함께 하는 수입의 90%로 사는 삶이 하나님의 축복이 없는 100%의 수입으로 사는 것 보다 훨씬 더 나을 것이다.

둘째, 당신 수입의 일부를 다른 사람을 축복하는 일에 사용하라. 우리는 진실로 축복의 사람이 되기 위해서 축복받은 것이다. 당신은 어쩌면 이런 유혹에 빠질 수도 있다.

"나는 십일조를 했기 때문에 어쩌면 얼마정도 축복을 확보할 수 있을지 몰라. 그러나 이웃을 돕기 위해서 돈을 쓰는 것은 지금 당장은 아니야. 내가 돈을 더 벌게 되면, 더 많이 줄 수 있을 거야."

그러한 생각을 경계해라. 그런 생각을 하는 사람은 부자가 되어도 관대한 기부자가 결코 될 수 없다. 예수님은 "네가 작은 일에 충성하였으매 내가 많은 것으로 네게 맡기리니"(마태복음 25:23) 라고 말씀하셨다. 아무리 작은 은총을 베풀지라도 그것이 어떤 사람들에게는 엄청난 도움이 될 수 있다. 더 많은 돈이 있다고 해서 우리가 갑자기 관대해지지 않는다. 성경에 나오는 과부의 헌금을 기억해 보라. 그녀는 단지 두 개의 작은 동전을 바쳤다. 그러나 주님은 그녀의 헌금을 어느 누구의 선물보다 큰 것이라고 말씀하셨다. 과부의 행위는 위대한 백만장자의 태도였다. 당신이 어떤 형편에 있든지 작은 것부터 시작하라.

당신은 오늘부터 저축을 하거나 투자를 하라. 나는 오늘날 50%가 넘는 미국인들이 적금 혹은 투자를 위한 계좌를 개설하지 않은 사실을 알고 놀랐다. 신명기 28:8절은 "여호와께서 명하사 네 창고와 네 손으로 하는 모든 일에 복을 내리시고 네 하나님 여호와께서 네게 주시는 땅에서 네게 복을 주실 것이며" 라고 약속해 주신다. 만일 우리가 어떠한 선행을 위한 계좌도 지니지 않았다면 어떻게 하나님이 우리의 창고에 복을 내리시겠는가?

당신이 지닌 것이 아주 작은 것일지라도 그것으로 시작하라. 당신이 작은 것을 베풀기 시작한다면 하나님은 당신의 창고를 축복하실 것이다.

5. 은총 - 그 최고의 절정

자신의 축복을 나눔으로써 '더욱 사랑 받는 자'가 된 사람은 오직 룻만이 아니다. 보아스 또한 이웃들에게 선행을 베푼 대가로 더 큰 축복을 받은 사람이다. 보아스는 이미 소유한 그의 농토와 농작물보다 훨씬 많은 것을 갖게 된다. 하나님은 그에게 외적으로나 내적으로 아름다운 배우자와 아들 오벳을 주셨다. 오벳은 후에 다윗왕의 아버지인 이새의 아버지, 즉 다윗의 할아버지가 된다. 하나님은 그의 계보를 통해 왕의 왕 되시는 예수님을 보내신다.

이제 성경 룻기에서 나오미의 이야기가 시작된다. 나오미는 방랑의 여정을 끝내고 '떡집'으로 돌아가기로 결심했다. 나오미는 찢어지는 고통을 경험했으며 그녀의 이름을 '마라'라고 바꾸었다. 때로 우리는 자신의 잘못된 선택으로 인하여 고통의 열매를 갖게 되지만 그 결과를 하나님의 책임으로 돌린다. 나오미도 우리처럼 하나님을 향해 원망을 했다. 그러나 그녀의 삶의 결말은 우리 모두에게 희망을 준다.

나오미는 그녀의 삶의 남은 날 동안 곳간 구석에 앉아 있거나 그녀의 허망한 삶을 한탄하며 지낼 수도 있었다. 나오미는 며느리 룻이 이삭 줍는 여인으로써 시어머니 자신만을 봉양하도록 할 수도 있었다. 그녀는 룻이나 혹은 다른 사람을 위해서 어떠한 일도 하지 않을 수 있었다. 그러나 나오미는 그녀 자신의 고통에 초점을 맞추기 보다는 남을 돕기로 결심했다. 나오미는 그녀의 경험과 지혜를 활용하여 며느리 룻이 새로운 남편과 가정을 이룰 수 있도록 룻에게 은총을 베푼다.

나오미가 이 일을 행한 후, 하나님과 사람들에게 어떻게 다시 사랑 받는 자가 되었는지를 살펴보자.

> 여인들이 나오미에게 이르되 찬송할지로다
>
> 여호와께서 오늘날 네게 기업 무를 자가
>
> 없게 아니하셨도다 이 아이의 이름이 이스라엘
>
> 중에 유명하게 되기를 원하노라 이는
>
> 네 생명의 회복자며 네 노년의 봉양자라 곧 너를 사랑하며
>
> 일곱 아들보다 귀한 자부가 낳은 자로다
>
> 나오미가 아기를 취하여 품에 품고 그의 양육자가 되니
>
> 그 이웃 여인들이 그에게 이름을 주되
>
> 나오미가 아들을 낳았다 하여 그 이름을 오벳이라 하였는데
>
> 그는 다윗의 아비인 이새의 아비였더라
>
> 룻기 4: 14-17

그 후 다윗의 계보에서 메시야가 태어났다.

우리가 다른 사람들에게 베푼 은총은 더 위대하고 강력한 방식으로 우리에게 되돌아온다. 에베소서 6장 8절은 "각 사람이 무슨 선을 행하든지 종이나 자유하는 자나 주에게 그대로 받을 줄을 앎이니라"라고 말씀하신다. 내가 이 구절을 다른 식으로 표현해 보겠다.

"당신이 다른 사람을 위하여 어떤 일을 행할 때 하나님은 당신을 위해 일하실 것이다."

은총이 하나님과 사람들로부터 우리에게 흘러넘칠 때가 바로 은총의 최절정이다. 그런 후, 그 은총이 우리로부터 다른 사람들에게 흘러넘치는 것이다. 하나님의 은총이 우리의 모든 것을 돌보아 주시는 것이 은총의 최절정이다. 나오미와 함께하는 룻과 보아스, 혹은 느헤미야와 왕의

관계처럼 우리가 어디로 가든지 – 우리의 가족, 일터, 당신의 우정과 관계성, 교회 등 – 하나님의 은총이 우리를 감싸신다.

또한 은총의 최절정은 우리가 권위자에게 더 많은 것을 요청할 수 있는 능력을 증진시켜준다. 우리가 어떠한 협력 관계 혹은 사회적 지위에 있든지 우리가 '각별한 사랑을 받는 자'가 된다면 우리의 소원들은 성취될 것이다.

우리가 '더욱 사랑 받는 자'가 될 때 우리의 영향력이나 지도력의 자질 역시 탁월해진다. 우리가 은총의 절정을 누리게 될 때 이전에는 불가능했던 영향력있는 지위를 확보하게 된다. 룻이 베들레헴으로 귀환하는 연약한 시어머니를 따라갔을 때만 해도 그녀는 부유하고 유능한 남자의 배우자가 될 것을 꿈도 꾸지 못했을 것이다. 더군다나 왕의 왕 되시는 그리스도의 조상이 될 것이라고는 상상도 못했을 것이다. 룻의 리더십의 자질은 그녀 자신을 훈련하는 데에서부터 시작되었다. 만일 당신이 룻과 같은 리더십을 행하기 원한다면 어떤 일을 하든지 당신의 좋은 성품과 정직함이 우선이 되어야 한다. 또한 당신이 많은 축복을 받을수록, 다른 사람을 더 많이 축복해야 한다.

당신은 진실로 축복을 나누는 사람이 되기 위해서 축복 받았다. **이러한 축복이 은총의 최절정을 누리는 삶이다.**

제9장
은총에 관한 공정한 경고를 들으라

    우리의 삶에서 가장 신나는 일은 소중한 것을 공짜로 얻는 것이다. 그러나 그것이 반드시 쉽다는 것을 의미하지는 않는다. 비록 공짜라 해도 하나님 안에서 최고의 것들을 쉽게 얻을 수는 없다.

    하나님은 이스라엘 백성들에게 약속의 땅을 주셨지만 그들은 그 땅을 소유하기 위해서 최선의 노력을 해야만 했다. 이스라엘 백성들은 거기에 살고 있는 이방 민족들을 격퇴하고 성을 함락하고, 그들의 행로를 방해하는 거대한 장수들을 제거하기 위하여 전쟁을 치렀다. 그 땅은 싸울 만한 가치가 있었다. 성경은 그 땅이 젖과 꿀이 흐르며 포도송이가 얼마나 큰지 두 사람의 장정이 막대기에 끼워 운반 했다고 기록한다 (민수기 13장). 이스라엘 백성들은 하나님이 주신 선물을 소유하기 위해 얼마나 많은 전쟁을 치렀는가!

    약속의 땅을 소유한다는 것은 우리가 승리의 삶을 살아가는 하나의 증거이며 예증이다. 그 땅의 풍성한 축복들은 하나님의 은총이 넘치는 삶이 어떠한 것인지를 보여 준다. 당신이 하나님의 최고의 것을 원한다면 디모데전서 6장 12절 말씀처럼 '믿음의 선한 싸움'을 해야만 한다. 기독교인의 삶이란 '요람에서 무덤까지 싸우는 일' 이다. 가끔씩 우리는 하나님이 우리를 위해 주신 모든 축복을 체험하기 위해서 세상, 정욕, 혹은 사탄과 싸워야만 한다. 이스라엘 백성들처럼 우리는 우리의 '약속의 땅'을 소유하기 위해 반드시 최선의 노력을 쏟아야만 한다.

이스라엘이 약속의 땅을 확보했을 때에도 위험은 계속된다. 이스라엘 백성들은 여전히 육체적, 영적으로 많은 전쟁을 치렀다. 우리가 하나님의 은총을 경험하여 그분의 축복을 받게 되면 동시에 위험이 끊이지 않는다. 모든 축복들과 함께 잠재적인 고난이 온다. 은총에 대한 이러한 공정한 경고를 유념해라. 종종 사람들이 은총을 받기 때문에 겪을 수 있는 어려움이 있다.

엄청난 은총을 체험하게 된다는 것이 우리가 문제나 어려움을 더 이상 겪지 않는다는 뜻이 아니다. 당신이 은총 안에서 성장하게 될 때, 우리는 무기력하거나 겁쟁이와 같은 신앙인이 될 틈이 없다. 더 각별한 사랑을 누릴수록, 우리는 삶에 새로운 장애물을 만나게 된다. 장애물은 삶의 한 부분이다.

매일의 묵상을 위해 욥기 5장 7절의 구절을 그들의 냉장고에 붙여 놓는 사람은 없다. 그러나 성경은 그러한 고난을 말하고 있다.

> 인생은 고난을 위하여 났나니 불티가 위로 날음 같으니라
> 욥기 5:7

고난과 역경을 만난 것이 하나님의 은총을 받지 못했다는 뜻이 아니다. 시편 34장 19절 말씀을 묵상해 보라.

> 의인은 고난이 많을 수 있으나
> 여호와께서 그 모든 고난에서 건지시는도다
>
> 시편 34: 19

하나님의 은총을 받은 삶의 최고의 가치는 어떠한 장애물도 극복할 수 있는 능력이다. 유비무환(豫備無換)을 기억하라. 만일 우리가 은총이 수반하는 장애물에 대해 미리 인식한다면, 우리는 장애물을 더 잘 극복할 수 있다. 아무리 폭풍우가 몰아쳐도 우리는 하나님의 은총 속에서 요동치 않을 것이다. 사람들이 당신의 승진을 축하하거나 반겨하지 않을 때, 당신은 그들의 반응에 놀라지 말아야 한다. 혹은 하나님의 은총을 받는 것처럼 보였던 사람들이 그들의 잘못된 삶의 태도로 인해 파멸하게 될 때, 당신은 똑같은 일이 자신에게 일어나지 않도록 경계해야 한다.

이제, 우리는 방심하지 말고 은총의 주위에서 호시탐탐 노리고 있는 몇 가지 위험한 요인들을 주시해야 한다.

1. 은총에 대해 가장 명백한 위험성 - 마음의 쓴 뿌리를 경계하라

신약성경 히브리서 12장 15절에서 보듯이 은총에 수반되는 가장 명백한 위험성은 단순히 우리가 그 은총에 이르지 못하게 되는 것이다. 좀 더 자세히 살펴보면, "너희는 돌아보아 하나님 은총에 이르지 못하는 자가 있는가 두려워 하고..."라고 말씀 하신다 (KJV). 혹은 "누구든지 하나님의 은총을 몰수당하지 않도록 하고..." (NEB)라고 번역 되었다. 성경에서 '은혜'(Grace)란 '각별한 사랑, 총애, 은총(favor)' 이라고 번역 될 수 있다. 또 다른 번역 성경에는 당신이 어떻게 문자적으로 "하나님의 은총 (favor)으로부터 낙오될 수 있는지"를 생생하게 표현하고 있다. 히브리서 12장 15절의 나머지 구절에서 다음과 같이 말씀한다.

또 쓴 뿌리가 나서 괴롭게 하고 많은 사람이 이로 말미암아 더러움을 입을까 두려워하고 (KJV).

만일 우리가 삶에 대해 원통함, 한(恨)을 느끼고 있다면 그것이 은총의 흐름을 방해할 수 있다. 우리에게 잘못한 사람들에 대해 원한을 지닌다고 해서 한(恨)을 되갚을 수는 없다. 원통함이란 그런 식으로 풀리지 않는다. 원한을 갖게 되는 것은 마치 독약을 마시는 것과 같으며 다른 사람이 죽기를 바라는 것과 같은 것이다. 하지만 오히려 용서하지 못하는 당신 자신이 그 대가를 돌려 받게 된다. 당신을 하나님의 은총으로부터 낙오되게 만든 원인은 당신의 원통함이다. 결국 당신 자신이 상처받는 장본인이 된다.

우리는 용서에 관하여 열심을 내야만 한다.

서서 기도할 때에 아무에게나 혐의가 있거든 용서하라
그리하여야 하늘에 계신 너희 아버지도
너희 허물을 사하여 주시리라

마가복음 11:25

예수님은 매일 우리의 기도를 기대하시므로 우리에게 이렇게 말씀하신다.

"매일 너희 마음을 살펴보라. 너희는 아무에게든지 용서 못할 것이 있는가를 살펴보아라. 만일 너희가 아무에게든지 오점을 찾게 된다면 너희는 그것이 너희의 마음에 미움의 뿌리를 내리지 못하게 해야 한다. 그 상대방에게 은혜(Grace)와 호의(Favor)를 보이라. 그리하면 나의 아버지 하나님도 너에게 똑같이 행하실 것이다."

용서에 관해 열심을 내는 것은 정원을 열심히 가꾸는 것과 같은 이치이다. 아내는 정원 돌보는 일을 좋아하여 우리 부부가 함께 정원을 가꾸게 되었다. 나는 매주, 한 주에 두 번씩 혹은 그 이상으로 잡초를 뽑았다. 한 번은 내가 정원을 돌보는 일에 관심을 두지 못한 적이 있었다. 아마도 몇 주 정도 잡초 뽑는 일을 잊고 지냈던 것 같다. 어느 날 정원에 갔을 때 나는 충격을 받고 말았다. 잡초들이 어처구니없이 온 땅에 무성하였다. 잡초들이 우리 부부가 애써 심은 채소 위로 마치 한 그루의 나무처럼 우뚝 서있는 것이었다. 잡초의 뿌리는 엉켜진 채 정원의 다른 식물들을 위한 수분과 영양분을 빼앗아 버렸고, 결국 우리가 수확하려고 정성스레 길렀던 수확물들을 망쳐 놓았다.

만일 우리가 마음속에 쓴 뿌리를 내린다면 그것은 엉켜진 뿌리를 내린 후 뽑아내기 어려울 만큼 뿌리가 자라나게 된다. 원통함은 우리와 사람들의 관계성을 망쳐 놓는다. 그러나 만일 미움의 뿌리를 마음 속 깊이 묻지 않았다면, 우리는 증오를 쉽게 극복할 수 있다. 바로 그것이 예수님께서 말씀하신 바, 만일 당신이 아무에게나 잘못을 찾게 되면 당장에 그것을 해결하라는 이유이다. 매일매일 용서함으로써 어떠한 미움의 흔적도 제거하라. 미움을 제거하는 것을 미룬다면 우리는 하나님과 사람들에게 더욱 사랑받는데 뒤처지게 된다. 굿스피드 (E.J. Goodspeed)가 번역한 히브리서 12장 15절에서 보듯이 사실상 용서를 미룬다면 우리는 '하나님의 은총을 얻는데 실패'할 것이다.

용서는 놀라운 일이다. 용서는 우리를 자유롭게 하며 은총의 자리에 있게 해준다. 용서는 하나님의 은총이 우리의 삶 속에 다시 한번 흘러 넘치도록 해준다.

2. "나를 봐!" – 증후군(Syndrome)을 경계하라

은총에 수반될 수 있는 또 다른 위험성은 '나를 봐!'–증후군이다. 모든 일이 순조롭게 진행되고 우리가 그러한 축복들을 누리게 될 때, 우리는 자신의 능력으로 모든 일들이 이루어졌다고 자랑하는 유혹에 빠질 수 있다. 하나님은 신명기 8장에서 이스라엘 백성에게 이러한 위험성에 관하여 경고하셨다. 하나님은 이스라엘 백성들에게 엄청난 축복을 약속하시면서 하나님께서 친히 그들을 아무것도 부족함이 없는 좋은 땅에 데려가시겠다고 말씀하셨다. 그리고 하나님은 덧붙여 말씀하셨다.

> 내가 오늘날 네게 명하는 여호와의
> 명령과 법도와 규례를 지키지 아니하고
> 네 하나님 여호와를 잊어버리게 되지 않도록 삼갈찌어다
> 네가 어려서 배불리고 아름다운 집을 짓고 거하게 되며
> 또 네 우양이 번성하며 네 은금이 증식되며
> 네 소유가 다 풍부하게 될 때에 두렵건대

> 네 마음이 교만하여 네 하나님 여호와를
> 잊어버릴까 하노라 여호와는 너를 애굽 땅 종 되었던
> 집에서 이끌어 내시고... 또 '두렵건대
> 네가 마음에 이르기를 내 능과 내 손의 힘으로
> 내가 이 재물을 얻었다 할까하노라'
> 네 하나님 여호와를 기억하라
> 그가 네게 재물 얻을 능을 주셨음이라
> 이같이 하심은 네 열조에게 맹세하신 언약을
> 오늘과 같이 이루려 하심이니라
>
> 신명기 8:11-14, 17-18

우리의 성공은 우리 자신의 재주로 이루어진 것이 아니라 하나님과 그분의 은총으로 인한 것이다. 당신이 성공했을 때 당신 자신이 이룬 것이라고 생각하는 유혹을 물리치라. 하나님은 당신이 사업상 혹은 다른 분야에서 성공할 수 있도록 기발한 생각이나 능력을 제공하시고 필요한 사람들도 연결시켜 주신다. 하나님이 그분의 은총을 당신에게 부어주실 때 당신은 그것을 과시하거나 당신 자신의 능력으로 자랑하지 마라.

3장에서 요셉의 삶의 한 부분을 살펴보았다. 우리는 요셉이 연속적으로 정상에 오르기까지 하나님과 사람들에게 얼마만큼 더욱 사랑받는 자가 되었는지를 살펴보았다. 요셉은 어린 시절에 그의 꿈과 비전들이 하나님으로부터 온 것임을 깨달았다. 그러나 어린 소년이었던 요셉은 '나를 봐!' - 증후군의 유혹을 버릴 수 없었다. 그 당시 요셉은 17살이었고 야곱의 열두 아들 중 11번째 아들이었으며 아버지로 부터 최고의 총애를

받았었다. 요셉이 부모님들과 형제들이 자신 앞에서 절을 하는 꿈을 꾸었을 때 그는 그 꿈의 비밀을 자신 속에 감출 지혜와 성숙함이 부족했었다. 요셉은 한번 뿐 아니라 두 번씩이나 그의 꿈에 관하여 가족들에게 알려 주었다.

결국 요셉만을 총애하던 아버지마저 요셉의 꿈 이야기를 듣고 요셉을 꾸짖었다. 요셉의 형제들은 "네가 참으로 우리의 왕이 되겠느냐 참으로 우리를 다스리게 되겠느냐 하고 그 꿈과 그 말을 인하여 그를 더욱 미워"(창세기 37:8)하였다. 가끔씩 우리가 승격될 때 우리의 입을 다물고 있는 것이 더 지혜로운 것처럼, 만일 요셉이 조금만 성숙하고 지혜로웠더라면 입을 다물고 있었을 것이다. 요셉이 자신이 누리고 있는 은총을 과시했을 때 고난을 몰고 오게 된다. 총애에 따르는 세 번째 위험성을 다음 편에서 언급하겠지만, 당신의 삶이 하나님의 은총을 받게 되면 모든 사람이 다 축하해 주지는 않는다.

3. 축복받은 이웃을 시기하는 것을 경계하라

요셉의 형제들은 실제로 "네가 어떻게 특별한 사람이냐?"라고 물으면서 요셉을 비웃고 조롱했다. 요셉의 형제들은 요셉이 그들 자신들의 통치자가 될 지도 모른다는 생각에 자존심이 상했지만 속내는 요셉을 시기하고 있었다(창세기 37:8-11). 하나님이 아브라함에게 약속하신 축복을 이삭이 받게 되자, 블레셋 사람들도 요셉의 형제들이 요셉에게 그랬던 것처럼 이삭을 시기한다. 창세기 22장에서 하나님은 아브라함에게 수 없이 많은 자손을 줄 것이며 그를 부유하게 하시겠다고 약속하신다. 창세기 26장 13-14절은 이삭에 대해 "그 사람이 창대하고 왕성하여 마침내 거부가 되어 양과 소가 떼를 이루고 노복이 심히 많으므로 블레셋 사람이 그를 시기하여"라고 말한다. 요셉의 형제들처럼 블레셋 사람들도 총애를 받는 이삭을 비평하고 공격했다.

우리가 다른 사람이 더 각별한 사랑을 받고 있는 것을 알아차렸을 때 시기심이나 자존심 때문에 스스로에게 이렇게 불평하지 않도록 경계하라.

"왜 그들은 그것을 받고 나는 아니지? 그들은 모든 것을 가졌는데 나는 아무것도 얻은 게 없어."

성경은 "즐거워하는 자들로 함께 즐거워하고 우는 자들로 함께 울라"(로마서 12:15)라고 말씀한다. 우리는 다른 사람들이 총애를 받는 것을 볼 때 기뻐해야만 한다. 어떤 사람들은 영적인 가난함으로 인해 다른 사람들이 축복받는 것을 시기한다. 그들은 이렇게 생각한다. "오직 하나의 떡이 있는데 이 사람이 그렇게 큰 조각을 차지하는 것은 너무 불공평해. 지금 내게는 작은 떡 조각만 있어."

하나님은 무제한적인 떡의 공급자이시다. 그분의 축복은 결코 결핍이 없다. 당신은 다른 사람이 축복을 받았기 때문에 당신을 위해서는 적은 축복만이 남아 있을 거라고 걱정할 필요가 없다. 당신의 동료가 당신보다 더 각별한 사랑을 받고 있다고 눈치 챘다면, "정말, 축하해!" 라고 첫 반응을 해야만 한다. 당신의 동료가 승진했다면 당신이 그를 축하해주는 첫 번째 사람이 되라. 이웃집 사람이 새 차를 시승하게 되면 그 사람과 기쁨을 나누고 "나도 정말 기쁩니다!"라고 말하라.

우리가 룻의 이야기에서 보았듯이 **더욱 사랑 받는 자로 살아가는 중**

요한 열쇠는 다른 사람들을 위해 은총을 베풀게 될 때'이다. 총애를 받은 자들을 시기하는 것을 경계하라. 그 대신 그들과 함께 기뻐하고 즐거워하라.

4. 죄에 관하여지기 속임수를 경계하라

죄에 관한 위험한 속임수가 가끔씩 은총에 수반될 수 있는 위험성이다. 하나님의 총애를 받은 사람들의 대부분은 자신들이 어떻게 살던지 평생 하나님의 천사표로 인정받을 것이라고 스스로를 속인다. 또한 하나님은 그들의 죄를 간과해 주실 것이라고 자신을 속인다. 물론, 엉망으로 사는 사람들이 하나님의 각별한 사랑을 경험하는 경우도 있다. 그러나 그것은 하나님께서 그들의 모든 행위에 관해 면죄부를 주었다는 뜻이 아니다. 하나님은 자비로우시고 은혜로우시다. 또한 그분의 은총은 너무나 커서 우리가 죄에 빠졌다고 해서 그분의 예비하신 축복들을 항상 다시 거두어 들이시지 않는다. 대신에 하나님은 그분의 은총으로 사람들을 하나님께 돌아오게 만드시려는 의도를 지니고 있다. 로마서 2장 4절의 질문을 숙고해 보라.

혹 네가 하나님의 인자하심이 너를 인도하여 회개케 하심을 알지 못하여 그의 인자하심과 용납하심과 길이 참으심의 풍성함을 멸시하느뇨?

하나님은 나오미를 통하여 나오미가 그녀의 며느리 룻에게 혜택을 베풀도록 하셨음을 기억하라. 그러나 그것은 하나님이 나오미의 어리석은 결정들을 모두 묵인하신다는 뜻이 아니다. 나오미는 그녀의 삶에 베푸신 하나님의 각별한 사랑으로 인해 하나님께 더욱 가까이 갈 수 있었다.

    하나님은 또한 사사시대에 삼손을 사용하셨다. 많은 부분에서 삼손은 경건한 삶의 전형이 되지 못한다. 삼손은 비록 그의 심각한 죄들을 극복하지 못했지만 하나님의 은총을 입었기에 모든 것이 잘 진행 되는 것처럼 보였다. 하나님이 삼손을 사용하고 축복하셨기에 그는 자신의 엉망인 삶의 모양새까지도 하나님이 묵인 해 주실 것이라고 믿었을 것이다. 그러나 결론적으로 그러한 '자기 속임수'는 삼손을 파멸로 이끌었다. 사사시대는 이스라엘 역사 속에서 가장 가슴 아픈 역사 중 하나이다. 많은 사사들이 삶을 엉망으로 살았다. 사사 중에서 삼손만이 '자기 속임수'에 빠진 것은 아니지만, 삼손의 이야기는 가장 충격적인 사건이다. 삼손은 나이 20살 때에 부모에게 반항하고 그의 눈을 사로잡은 블레셋 여인과 결혼하길 원했다. 삼손의 부모는 블레셋 여인과의 결혼을 재고하라고 당부하고 하나님을 믿는 같은 민족의 여인과 결혼할 것을 충고했다. 그러나 삼손은 이미 결코 버릴 수 없는 욕망의 늪에 깊이 빠져 있었다. 삼손이 사랑하는 블레셋 미인은 이방신들을 섬겼다. 그러나 삼손은 그녀의 외적인 매력만을 보았다.

> 삼손이 아비에게 이르되 내가 그 여자를 좋아하오니
> 나를 위하여 그를 데려오소서 하니
>
> 사사기 14:3

Unleashing the Force of Favor

잘생긴 외모는 좋은 것이다. 그러나 그것은 단지 외면의 문제이다. 당신이 결혼하여 함께 살기 위해서는 "그녀는 딱 내 타입이야!" 혹은, "그는 내가 좋아하는 외모야" 라고 말하는 것 이상의 것이 필요하다. 보이는 것은 변한다. 따라서 당신은 단지 외적인 아름다움 보다는 내적인 아름다움을 찾는 편이 낫다. 결국 삼손은 블레셋 여인과 결혼했고 그 결혼은 10일 동안 유지되었다.

　삼손이 이 여인을 만나기 위해 길을 가던 도중에 사자가 공격했다. 하나님의 권능이 그에게 임했고 삼손은 맨손으로 사자를 찢었다. 그는 하나님께 여전히 선별된 사람이었는가? 여전히 하나님은 삼손을 사용했다. 그의 삶 속에 죄가 은폐되어 있었는가? 틀림없이 죄가 은폐되어 있었다. 다시 10년이 흐른 후에 삼손이 가자라는 도시를 여행하며 매춘부와 잠을 잤다. 그가 한밤중에 일어나서 도시의 성문에 접근하여 문과 기둥을 뽑아내고 그의 등 뒤에 그것들을 메고 산을 올랐다. 그것도 하나님이 주신 초자연적인 힘인가? 물론이다. 그렇다면, 그의 삶 속에서 하나님은 그의 죄를 덮어 주시고 묵인해 주셨다는 뜻인가? 그것은 절대로 아니다.

　그의 모든 결점에도 불구하고 삼손은 20년간이나 이스라엘의 사사로서 일했다. 당신은 아마도 이 이야기의 결말을 알 것이다. 그는 결코 그의 죄의 욕망을 극복하지 못했고 20년 이후에 드릴라 라는 여인 때문에 죽고 만다. 드릴라는 삼손을 배반하고 그의 머리카락을 삭도질 하였다. 블레셋 사람들은 그를 잡아다가 그의 눈을 – 조심했어야 하는 욕망의 눈을 – 뽑아 버렸다. 삼손은 블레셋의 감옥에서 맷돌질을 계속하였고 그가 죽을 때까지 블레셋 사람들은 그를 조롱하였다.

　하나님의 은총이 삼손에게 임하는 동안 삼손은 자신의 행위의 죄를 참회 할 필요가 없다고 생각하는 '자기-속임수'에 빠졌다. 그는 결코 그의 죄를 극복하지 못하고 그의 몸이 원하는 대로 삶을 살았다. 우리 중 얼마나 많은 사람들이 삼손과 같은가? 만일 당신이 "나는 하나님을 찬양해, 나는 그의 현존을 느끼지. 나는 기도하고 그분은 내게 응답하셔. 따라서 내가 옳지 않게 살아도 괜찮을 거야. 나는 예외적이고 특별한 경우야" 라고 안심하는 마음이 든다면, 그 때 다시 생각하라. **죄에 대해서는 어떠한 예외나 특별한 경우가 없다.** 삼손이 젊은 시절에 그의 욕망을 정복하지 못했기 때문에 그가 나이가 들자 그 욕망이 그를 정복한 것이다. 이와 동일한 일들이 당신과 내게 일어 날 수 있다.

설사 우리가 하나님과 사람들에게 더욱 사랑 받는 삶을 누릴 지라도, 죄를 지어도 괜찮을 것이라는 '자기 속임수'는 결국 우리 자신을 죽일 수도 있다. 만일 우리가 하나님과 동행하지 못한다면 하나님의 은총은 '자기 속임수' 혹은 '하나님과 함께 하면 어떤 일을 할지라도 괜찮을 것'이라는 입장을 지지해주지 않는다. **하나님의 은총은 당신이 참회하도록 이끄시며 당신이 이렇게 고백하도록 이끄신다.**

"하나님은 여전히 나를 사랑하십니다. 하나님은 여전히 나를 축복하고 사랑하길 원하십니다. 나는 참회가 필요합니다. 나는 하나님의 마음에 드는 자가 되기를 원합니다."

5. 장차 시련이 면제될 것이라는 헛된 희망을 경계하라

사도 바울은 분명히 하나님의 온전한 총애와 은총을 입은 사람이다. 주님은 다메섹 도상에서 바울에게 나타나서 하나님 나라를 위해 그를 부르시고 이방인을 위한 사도로서 명하셨으며 신약성경의 대부분의 서신서를 기록할 수 있도록 영감을 주셨다. 그렇다면 바울이 더욱 하나님께 사랑 받는 자가 될 수록, 그는 어려움을 별로 겪지 않았을까? 결코 그렇지 않다. 바울이 기록한 고린도후서 11장 23-27절을 살펴보자.

> 저희가 그리스도의 일군이냐 정신없는 말을 하거니와
> 나도 더욱 그러하도다 내가 수고를 넘치도록 하고
> 옥에 갇히기도 더 많이 하고 매도 수없이 맞고
> 여러 번 죽을 뻔 하였으니 유대인들에게
> 사십에 하나 감한 매를 다섯 번 맞았으며
> 세 번 태장으로 맞고 한 번 돌로 맞고 세 번 파선하는데
> 일주야를 깊음에서 지냈으며 여러 번 여행에
> 강의 위험과 강도의 위험과 동족의 위험과 이방인의
> 위험과 시내의 위험과 광야의 위험과 바다의 위험과
> 거짓 형제 중의 위험을 당하고또 수고하며
> 애쓰고 여러 번 자지 못하고 주리며 목마르고
> 여러 번 굶고 춥고 헐벗었노라
>
> 고린도후서 11:23-27

당신은 아마도 "사도 바울의 경험은 하나님의 각별한 사랑을 받은 삶처럼 들리지 않는군!"이라고 생각할 수 있다. 은총을 누리는 삶이 장차의 시련으로부터 면제되는 것이라고 생각한다면 그것은 오해이다. 왜냐하면 역경이 왔다고 하나님이 우리를 버린 것이 아니기 때문이다.

오히려 역경은 - 각별한 사랑을 받는 삶이건 아니건 간에 - 삶의 한 부분이다.

은총이 역경을 예방해 주지는 않는다. 하지만 은총은 역경으로부터 승리로 이르는 문을 열어 놓는다.

바울을 호송하는 배가 파선되자 바울은 해안 쪽으로 헤엄을 쳐야 했던 것을 기억하는가?(사도행전 27장-28장). 바울이 멜리데 섬에 상륙했을 때 토인들은 불을 피워 주고 바울과 배의 선원들을 잘 영접해 주었다. 섬에 도착하기 전에 바울을 호송하던 배가 가라앉기 시작하자 군인들은 그들의 탈출을 막으려고 죄수들을 죽이려고 했었다. 백부장이 이를 막아 주었지만 대신에 강한 파도와 싸우며 힘들게 섬에 상륙하였다. 바울이 해안에 이르게 되어 잠시나마 안전하다고 생각하며 나뭇가지를 거두었다. 그가 나무를 거두어 불을 지피고 몸을 따뜻하게 하려고 하는 순간 독사가 뜨거움으로 인하여 나와 바울의 손을 물었다.

그 순간에도 바울은 하나님의 은총을 받고 있었는가? 그렇다! 바울은 총애를 받고 있었다. 하나님은 바울을 파선으로 인한 죽음으로부터 구해 주시고 칼의 위험으로부터 구해 주셨다. 바울은 역경으로부터 벗어날 수 있었는가? 물론 바울은 역경으로부터 벗어나지 못했다. 지금 바울은 독사가 그의 팔을 물고 있다.

바울은 바로 역경의 순간에 믿음의 선택을 해야만 했다. 그러나 그는 이렇게 생각할 수 있었다.

"바로 여기까지야 - 이것으로 충분히 됐어! 나는 하나님이 나와 함께 하신다고 믿었었지. 그러나 분명하게도 그분은 나를 버리셨어. 나는 포기했다. 나는 어쨌든 죽은 사람이야."

바울은 졸도하여 쉽사리 죽을 수도 있었다. 그것이 원주민들이 예상했던 일이었다.

> 그가 붓든지 혹은 갑자기 엎드려져
> 죽을 줄로 저희가 기다렸더니
>
> 사도행전 28:6

바울이 독사를 불 속에 떨어 버리니 조금도 상함이 없었다. 어떻게 그런 일이 일어났을까? 바울은 하나님이 자신과 함께 계심을 믿기로 했다. 바울은 하나님께서 원수의 목전에서 상을 베풀어 주실 것을 믿었다(시편 25편). 원수, 사람, 독사 등을 만났다고 해서 하나님의 은총의 공급이 중단됨을 의미하는 것이 아니다. 바울은 은총을 계속 기대했고 마침내 그것을 얻었다. 오히려 섬의 원주민들에게 너무나 많은 사랑을 넘치도록 받았다. 그들은 바울이 독사에게 하나도 상하지 않은 것을 보고 신으로 모시기로 결정까지 했었다. 그 때 바울은 그러한 종류의 호의를 받을 자격이 없다고 원주민들을 설득해야만 했다. 그는 섬 주민들의 질병을 고쳐 주었고 기도하고 그들을 주님께 인도하였다. 바울은 모든 기회의 최고의 때를 복음을 전하는 기회로 삼았다. 따라서 바울을 향한 하나님의 총애는 바울이 역경으로부터 승리로 나갈 수 있는 문들을 열어 놓았다.

욥과 그가 당한 고통을 기억하라. 혹은 사울 왕이 여전히 왕이었을 때, 다윗이 겪었던 고난을 기억하라. 아브라함과 노아가 직면했던 도전들을 숙고해 보아라. 고난의 산 너머 또 다른 고난의 산을 만났던 요셉을 생각해 보라. 성경에 나오는 많은 남성과 여성들 중에서 고난과 어려움을 만나지 않은 사람을 찾기가 힘들다. 그럼에도 불구하고 그들이 승리할 수 있었던 중요한 열쇠는 하나님은 어떤 상황도 바꿀 수 있다는 깨달음이었다. 단연 으뜸이 되는 예는 욥의 경우이다. 욥은 그의 아내가 욥에게 하나님을 저주하고 죽으라고 말했을 때 그는 대신 하나님께 감사를 하면서 이렇게 말한다.

생명과 은혜를 내게 주시고
권고하심으로 내 영을 지키셨나이다

욥기 10:12

욥은 가장 낮은 자리에 있는 순간에도 하나님의 은총에 대한 고백을 망설이지 않았다.

6. 해답 1: 하나님의 은총이 고난을 바꾸어 놓는다!

하나님의 은총이 고난을 끝내 줄 것이라는 생각은 오해이다. 그러나 하나님은 최악의 상황을 당신에게 유익하도록 바꾸신다. 하나님이 당신에게 새로운 방식으로 총애를 베풀 수 있도록 당신은 자신이 처한 위기들을 기회로 삼아라.

하나님은 어떤 악조건 속에서도 좋은 것을 주신다. 또한 우리의 고난은 승리로 가는 길이다. 심지어 재난의 징조가 우리 앞에 놓여 있는 순간에도 하나님은 우리를 위해 선한 계획을 갖고 계신다.

로마서 8장 28절의 말씀을 보자.

> 우리가 알거니와 하나님을 사랑하는 자
> 곧 그 뜻대로 부르심을 입은 자들에게는
> 모든 것이 합력하여 선(善)을 이루니라
>
> 로마서 8:28

이 말씀들을 '인용' 하는 것과 '믿는 것' 은 약간의 차이가 있다. 나는 목사 초기 시절에, 하나님은 엄청난 고난을 최고의 승리로 바꾸실 수 있음을 깨달았다. 물론 나는 고난을 겪은 후에야 그러한 교훈을 얻었다.

몇 년 전, 교회의 교인수가 150명 정도 되었을 때, 우리는 좌석이 부족하게 되었다. 교회가 비좁아지자 우리는 토요일 밤 예배와 4번의 주일아침 예배 그리고 2번의 주일저녁 예배를 드려야 했다. 새로운 신도를 수용할 공간과 여유가 없었다. 그 때, 우리 대지 바로 옆의 10에이커(평방) 땅을 곧 팔 것이라는 정보를 입수했다. 나는 '바로 이것이다! 하나님은 우리교회의 성장을 위해 이것을 제공해 주실 거야!' 라고 속으로 생각했다.

우리는 이 10에이커가 얼마나 가치있는 것인지를 발견했고 그 땅의 소유자인 학교당국에 매입(買入)할 의향을 알렸다.

그러나 소유자는 "아닙니다. 우리는 아직 안팝니다" 라고 확고하게 대답했다. 다시 우리는 돈을 몇 억 정도 더 올려서 매입을 요청했다. 우리는 또 다시 "관심 없습니다." 라는 대답을 들었다.

'우리는 그 땅이 꼭 필요한데! 우리는 교회의 여유있는 공간을 더 지어야만 하는데!' 라고 나는 계속 생각했다. 우리는 또 다른 요구를 했다.

"당신이 원하는 값이 얼마입니까? 종이에 써 주십시오. 우리가 돈을 치루겠습니다."

그러나 그들은 "아닙니다. 우리는 지금 당장 팔 의향이 없습니다" 라고 확답을 했다. 나는 절망했고 이해할 수 없었다. 우리교인들과 나는 완전히 실의에 젖었고 나는 무엇을 해야 할지를 몰랐다. 나는 하나님이 나의 절망감을 기회로 바꾸어 주시려고 하는 것을 깨닫지 못했다. 하나님의 계획은 내 계획보다 훨씬 컸다. 그 무렵, 138 에이커를 소유한 어떤 사업가가 그 땅을 팔려고 한다는 소식을 접했다. 그 땅은 우리를 위해 완벽히 준비된 땅이었다. 우리는 얼마 안되어 그 땅을 매입할 수 있었다. 그 때 이후로 우리는 그 땅에 몇 차례의 확장 공사를 했다. 세 갈래 길의 대로 입구, 주차장, 넓은 운동장 등 우리가 원하는 모든 것들을 갖게 되었다. 또한 훗날의 증축을 위한 여유 공간도 남길 수 있게 되었다.

만일 내가 그토록 원했던 10에이커를 매입하였다면 무척이나 힘들었을 것이다. 나는 오직 "하나님 감사합니다. 우리가 얻지 못한 땅 때문에 너무나 절망해 있었을 때, 나는 하나님이 우리를 위해 계획하신 미래를 전혀 몰랐습니다" 라고 기도했다. 만약 우리가 전에 있던 곳에서 겨우 10 에이커 정도만 구입하고 그 곳에 머물렀다면 매주 수 천명의 사람들이 예배드리는 목회를 결코 할 수 없었을 것이다. 어쩌면 당신의 삶에 가장 어두운 절망의 순간이 올지도 모른다. 그러나 당신이 고난을 당하는 것이 하나님이 은총을 거두셨기 때문이 아니다. 하나님의 은총과 총애가 당신이 겪을 고난을 제거하지 않지만 승리로 이르는 문을 열어 놓는다.

욥처럼, 다윗처럼 그 어떤 때보다 더욱 더 하나님의 은총을 고백하라. 하나님은 당신이 기대했던 것 보다 훨씬 더 놀라운 은총과 총애를 베푸시기 위해 준비하고 계신다.

7. 해방 2: 당신의 약속의 땅에 발을 들여 놓으라!

이제 우리는 은총에 수반되는 위험성을 알게 되었다. 이상에서 경고한 위험성을 피하기 위해 최선을 다하라. 하나님의 은총에 이르지 못하게 하는 쓴 뿌리를 뽑아내라. '나를 봐!' 증후군을 경계하고 하나님의 은총으로 이루어진 일들에 대해 우리 자신의 능력이라고 자랑하지 마라. 각별한 하나님의 은총을 누리는 다른 사람들을 보고 시기하는 마음을 버려라. 대신에 그들과 함께 기뻐하고 즐거워하라. 다른 사람들을 위해 은총을 심게 되면 당신은 그대로 거두게 될 것이다. 하나님의 은총을 받고 있기 때문에 죄를 지어도 괜찮다는 변명은 결코 통하지 않는다. 만일 우리 삶의 방식이 하나님의 말씀에 어긋난다면, 그 때의 하나님의 은총이란 우리가 회개하고 하나님께 돌아오는 것을 의미한다.

마지막으로 시련이나 절망감들이 당신을 사로잡지 못하게 하라. 바울이 독사를 불에 떨어뜨리듯이 절망감들을 떨쳐 버려라. 하나님을 위한 삶을 살라. 하나님이 성경에서 약속하신 모든 축복들을 당신에게 베풀 것임을 신뢰하라. 또한 하나님은 당신을 위해 당신이 기대하는 것보다 훨씬 큰 계획을 갖고 계심을 믿어라. 주의 자비와 은총이 아침마다 새롭다. 위험과 고난을 만나게 될 때 우리가 꼭 노력해야할 몫이 있다. 매일 하나님의 자비와 은총을 기대하고, 믿고, 고백하는 하루를 시작하라. 그것이 당신만의 약속의 땅에 들어가는 길이다.

제 10 장
은총의 목마름을 채우라

하나님의 은총은 우리가 어떠한 신분의 사람이든지 혹은 어디에 살든지 상관없이 우리에게 임하신다. 하나님은 우리의 신분과 형편에 상관없이 다음과 같은 은총을 부어 주시겠다고 약속하신다.

> 너로 머리가 되고 꼬리가 되지 않게 하시며
> 위에만 있고 아래에 있지 않게 하시리니
> 오직 너는 내가 오늘날 네게 명하는
> 네 하나님 여호와의 명령을 듣고 지켜행하며
> 신명기 28:13

하나님이 주실 이러한 종류의 은총에 대해 갈급함을 느낀다면, 그 필요를 간구해라. 하나님의 자녀가 되고 그분의 축복을 누리기 시작할 때 우리의 내적인 공허감이 채워지며 영적으로 만족하게 된다. 하나님의 말씀으로 채워지고 풍성하신 하나님의 은총을 깨닫게 될 때 우리는 영적으로 고갈되지 않는다.

호세아 4장 6절에 "하나님의 백성이 지식이 없으므로 망하는도다" 라고 기록 했다. 이 말씀을 거꾸로 생각해 보면, "하나님의 말씀을 깨닫고 적용하는 사람은 번영한다"는 뜻이 된다. 이 말씀은 특히 은총이란 의미에서 올바른 해석이다. 즉 당신이 더욱 많이 알수록 당신은 더 많이 성숙한다.

지금까지 필자는 어떻게 예수님처럼 하나님과 사람들에게 **더욱 사랑스러워 가는 자**가 될 수 있는지를 살펴보았다. 은총을 받는 삶은 너무나 중요하다. 은총은 성공과 실패라는 커다란 차이를 만들어 낸다.

은총이란 '우리가 진심으로 전진하고자 하는 곳으로부터 주어지는 섭리, 도와주는 것, 혜택이 제공되는 것, 특혜를 받는 것' 등이라고 정의 할 수 있다. 또한 은총이란 우리를 향한 하나님의 호의적인 성품의 넓이와 깊이다. 하나님은 우리를 돕고, 모든 혜택을 허락하시고, 우리를 축복하길 **갈망**하신다. 하나님의 은총이 우리를 감싸고 있지만, 그 은총의 효력을 누리기 위해서는 우리가 은총의 스위치를 켜는 조그마한 노력을 해야 한다.

지금까지 우리는 은총의 스위치를 켤 수 있고 은총의 힘을 누릴 수 있는 구체적인 단계들을 살펴보았다.

우리가 하나님의 축복을 기대하고, 그분의 은총을 믿으며, 우리의 입술로 고백할 때 하나님은 우리 입술의 열매를 빚어내신다. 우리 입술의 고백은 생동력이 있다. 즉 하나님의 말씀을 따르는 선하고 긍정적인 말은 하나님의 은총을 받게 해준다. 반면에 의심과 불신이 가득 찬 악하고 부정적인 말은 하나님의 은총의 부어짐을 급속하게 멈추게 한다. 비록 공식이 아니지만, 하나님의 말씀을 우리 안에 거하게 하고 우리의 입술에서 그 말씀들을 선포하는 것이야 말로 바로 하나님의 은총을 경험하는 것을 배가시키는 탁월한 방법이다.

1. 은총의 좋은 맛

    나는 하나님이 계속적으로 내게 허락하시는 축복들에 대해 놀라곤 하는데, 그것은 나의 삶에 대한 그분의 말씀과 그 은총들을 고백할 때마다 하나님께서 작고, 커다란 축복들을 풀어주신다는 것이다. 어느 날 나는 친구와 함께 동네 식당에서 점심 식사를 하고 있었다. 나는 특별히 하인즈 상표의 토마토 캐첩을 좋아해서 많은 양의 캐첩을 음식에 얹었다. 내 생각으로는 스테이크에 많은 양을 얹었는데, 그것은 마치 고기 조각에 세례를 베푸는 것 같았다. 사실, 물을 뿌리는 정도의 세례가 아니라 푹 잠기도록 말이다. 나는 하인즈 케첩으로 맛있게 점심을 먹은 후 계산서를 청구했다. 그런데 종업원은 이미 건너편에 앉아 있는 어떤 사람이 밥값을 지불했다고 말해주었다. 나는 함께 있던 친구에게 아는 사람이냐고 물었다. 내 친구 또한 우리의 음식 값을 내준 사람을 처음 보았다고 했다. 우리와 눈이 마주친 그 사람은 우리에게 와서 명함을 내밀고는 인사를 했다.

    "저는 하인츠 캐첩 회사의 영업부에서 일합니다. 내 생전에 이렇게 우리 회사 캐첩을 즐기시는 분을 처음 뵙거든요. 제가 어떻게 점심 값을 내지 않을 수 있겠습니까?"

    비록 하인즈 케첩 회사의 직원을 만난 것은 중요한 사건이었지만, 점심을 대접받는 일은 내가 하나님과 사람들에게 많은 사랑을 받은 것의 일부에 불과하다. 단지 공짜 점심만이 내가 얻은 복이 아니었다.

잠시 동안 이야기를 나눈 후, 나는 그 사람을 교회에 초청하게 되었다. 그는 초청에 응했고 하나님의 사람이 되었다!

  예수님을 몰랐던 사람이 구원을 받고 하나님의 자녀가 되는 것은 정말로 놀라운 일이다. 이러한 구원의 사건들을 지켜보는 것이 내 삶에 가장 큰 축복 중 하나이다. 하나님의 은총의 사역은 놀라운 방식으로 일어난다.

  우리는 성경의 위대한 남녀 인물들이 어떻게 더욱 각별한 사랑을 받는 자가 될 수 있었는지를 살펴보았다. 나오미는 '떡집'을 떠나 은총의 길에서 벗어나 방황하는 삶을 살았다. 그 후 하나님의 흘러넘치는 은총을 다시 한번 경험할 수 있는 곳으로 다시 돌아왔다. 룻은 은총을 따르는 여정 속에서 우리가 어떻게 더욱 사랑 받는 자가 될 것인지를 일깨워 준다. 룻은 우리처럼 구주를 영접하고 구원을 경험하는 첫 단계부터 출발했다. 그러나 룻의 영적 성장은 거기서 멈추지 않았다. 룻은 하나님이 정해 놓으신 길을 따르게 되었고 마침내 의도적인 한 움큼의 은총을 받기 시작했다.

  룻은 각별한 사랑을 힘입어 자신의 더 많은 소원을 이루었다. 또한 룻은 자신의 요청들이 응답되는 것을 경험한다. 그 후 룻은 자신이 누리는 하나님의 은총을 나누어야 됨을 알게 된다. 우리 또한 축복을 나누는 사람이 되기 위해 축복을 받았다. 즉 더 많은 은총의 씨앗을 뿌리는 사람이 더 많은 은총을 수확하게 된다.

  우리는 또한 요셉, 느헤미야, 욥과 바울의 생애도 살펴보았다. 구약성경에 나오는 이스라엘 정탐꾼이 약속의 땅 국경을 정탐하러 갔던 이야기와 신약성경에 나오는 예수님의 계보에 올려진 여인에 대해서도 배웠다.

성경전반에 걸쳐서, 우리는 하나님의 은총의 힘이 사람들의 삶을 어떻게 다스리는지를 생생한 예증을 통해 살펴보았다.

또한 우리는 은총에 수반될 수 있는 몇 가지 위험한 일들을 살펴보았다. 원통함, 자만심 그리고 자랑함은 은총의 흐름을 멈추게 한다. 삼손처럼 사람들은 죄를 은폐하기 위해서 하나님의 총애를 악용할 수 있음을 깨닫게 되었다.

우리는 역경과 시험을 은총의 결핍 때문이라고 생각할 수도 있다. 그러나 실제로 그러한 고난의 때는 단지 하나님이 우리를 향해 그분의 은총을 다른 방식으로 표현할 때이다. 우리가 고난 중에서도 절망하지 않고 포기하지 않는다면, 하나님은 은총을 통하여 절망의 상황을 승리로 바꾸신다.

우리가 하나님께 초점을 맞출 때 하나님은 우리를 향해 그분의 온전하고 강력한 은총을 베푸신다. 당신이 이 책의 원리들을 적용하기만 한다면, 이 모든 이야기들은 당신의 것이 될 것이다.

이미 당신이 구원받았고 그분의 은총을 누리고 있다면, 분명하게 그것을 전파하라! 당신이 누리는 하나님의 은총을 사람들에게 전파하고 그 축복들을 나누라. 그것이 그리스도의 증인된 삶이다. 사람들이 당신의 삶 속에서 하나님의 역사를 보게 될 때, 그들도 하나님께로 돌아올 것이다. 당신을 통하여 사람들은 자신들을 위한 하나님의 은총을 조금이나마 경험하게 될 것이다.

일단 사람들이 "하나님의 선하심을 깨닫고 맛을 보게 되면"(시편 34:8) 그들 또한 하나님의 자녀가 되기를 원할 것이다.

2. 자신을 위한 은총을 맛보라

첫 번째 부류의 은총의 사람

만일 은총에 대해 놓친 것이 있다고 느낀다면, 당신이 하나님의 은총을 간절히 목말라한다는 뜻이다. 만일 '구원의 은총'을 아직 경험하지 못했다면 오늘 당신은 경험할 수 있다. 여호수아 24장 15절은 우리에게 이렇게 강권한다.

> 너희 섬길 자를 오늘날 택하라
> 오직 나와 내 집은 여호와를 섬기겠노라
>
> 여호수아 24:15

아직 당신이 예수님을 당신의 구주로 모시지 못했다면 다음 장에 나오는 부록을 참조하라. 부록을 보게 되면 어떻게 구원을 받아들이는 지를 깨닫게 될 것이며 당신은 하나님의 은총을 누리기 시작할 것이다.

두 번째 부류의 은총의 사람

당신은 어쩌면 구원을 받았고 하나님 나라로 가는 길에 있지만 확신이 없는 사람일 수도 있다. 당신은 구원의 확신도 없고 하나님의 은총을 믿지 못하는 사람일 수 있다. 그러나 당신은 하나님이 이미 양자삼은 하나님의 자녀라는 사실을 의심하지 마라. 성경은 당신이 그러한 사실을 확신할 수 있다고 가르친다. 당신이 하나님의 가족이라는 것을 깨닫기까지 쉬지 마라. 더 알기를 원하면 부록을 참조하라.

세 번째 부류의 은총의 사람

믿는 성도가 되었지만 다소간 타락의 길을 가는 사람들도 있다. 아마도 당신은 고난의 때에 지쳐 버렸거나 하나님의 간섭을 포기했을지도 모르겠다. 그러나 하나님은 당신을 포기하지 않는다. 설사 당신이 죄의 뿌리를 다시 내리고 하나님으로부터 멀어지려고 할지라도 하나님은 당신을 나오미처럼 '떡집'에 돌아오라고 부르신다. 하나님의 은총이 당신에게 다시 한번 흘러넘칠 수 있다. 성장하기 위해서 결코 늦지 않았다. 부록을 참조해라.

당신이 초신자 (初信者)이든지, 혹은 구원의 확신을 갖기 원하든지, 혹은 하나님께 다시 돌아와야 할 믿다가 타락한 자이든지 - 당신이 어떠한 범주에 놓였던 간에 그분의 은총을 다시 경험하기를 원한다면 한 시라도 지체하지 말라.

3. 하나님께 더욱 사랑스러워가는 자가 되라

나는 이 책을 통해서 당신을 향한 측량할 수 없는 하나님의 은총의 넓이와 깊이를 깨닫도록 도와주고 싶다. 또한 이 글이 하나님의 은총에 대한 당신의 목마름을 채우는 지침이 되기를 희망한다. 당신은 은총이 전혀 없는 제로상태에서 하나님이 당신을 위해 준비해 놓으신 은총의 백퍼

센트가 되는 곳까지 인도함을 받을 수 있다. 지금까지 언급한 은총의 원칙들을 적용해 보라. 일단 그 은총의 도상에 있다면 당신은 **더욱 사랑 받는 자**가 될 것이다. 당신은 이미 하나님이 더 큰 은총을 베푸시길 원하시는 가장 사랑스러운 자녀이다. 그러한 하나님의 사랑하심에 대해 **기도하라.** 그리고 그것을 위해 **감사하라.** 또한 하나님이 성경의 말씀을 통해 당신에게 주신 약속들과 가슴에 심어 주신 꿈들을 입으로 **시인하라.**

이제 당신은 예수님처럼 **하나님과 사람들에게 '더욱' 사랑스러워 가는 자**가 될 수 있다. 담대하게 하나님을 위하여 전진하고 기뻐하는 삶을 살아라. 하나님의 은총과 각별한 사랑이 당신을 온전히 감싸고 계시다!

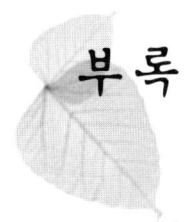

부록

구원의 경험과 하나님의 은총

예수께서 이 땅에 오셔서 선포하시기를 '지금' 은 하나님의 값 없는 은총을 아낌없이 전파하는 때라고 하신다 (누가복음 4:18-19). 만일 당신이 아직까지 하나님의 강한 은총을 경험하지 못했다면 오늘이 바로 그 경험이 시작되는 날이다. 하나님은 당신이 잠재적으로 소유하고 있는 그 이상의 은총을 당신이 체험하기를 원하신다. 그러한 풍성한 은총과 총애의 경험은 바로 지금 **구원의 경험**으로부터 시작된다.

이 장에서는 당신이 하나님의 자녀가 됨으로써 은총이 시작되는 곳에서 어떻게 발 떼기를 해야 할지를 보게 될 것이다. 그러나 중요한 한가지를 숙고해야만 한다. 필자가 앞서 말한 은총받는 원칙들을 적용하기 싫다고 여기서 읽는 것을 멈추려고 한다면, 당신은 다음의 범주 중에서 어디에 속하는지를 생각해 보라.

당신은 하나님의 자녀가 되기를 간절히 원하는 사람이지만 확신이 없는 사람일 수 있다. 내가 어떤 여인에게 그녀가 성도인지를 물었을 때 그녀는 이렇게 대답했다.

"나는 기독교인이 되려고 노력합니다. 그렇게 희망하지요. 나는 좋은 사람이긴 해요. 내가 죽게 되면 아마도 내가 천국에 갔는지 알게 되겠죠."

그러나 지금은 그렇게 되려고 최선을 다하고 있어요."

당신은 하나님의 자녀라는 사실을 의심하지 마라. 또한 하나님이 당신을 이미 자녀로 삼은 것을 의심할 필요가 없다. 당신의 노력으로 인해 하나님 나라를 가는 것이 아니다. 죽어서 무엇이 기다리고 있는지를 알기 위해서 죽을때 까지 기다릴 필요가 없다. 사실상 우리의 행위로는 불가능하다. 우리는 정말로 착한 삶을 살 수 없고, 기도도 충분히 못하며, 금식은 더군다나 힘들어 하고, 다른 사람을 위해 천국행 표를 끊어 줄 수도 없다. 오직 그리스도만이 죽음과 장사지냄과 부활을 통해서 당신의 구원을 위해 모든 것을 성취하셨다. 하나님이 그분의 아들인 예수를 통해서 우리에게 영생을 주셨기 때문에 당신은 "영생이 있음을 알 수 있다"(요한일서 5:13).

당신은 하나님께 헌신하기로 작정하고 예수를 구주로 모셨음에도 불구하고 방황하는 사람은 아닌가? 아마도 당신은 원통함, 죄, 혹은 절망감을 느낄 수 있을 것이다. 돌이켜 보면, 당신이 어느 지점에서 하나님께 멀어졌는지를 스스로 알 수 있다. 비록 하나님께 멀어진 시점이 오래 되었더라도 당신은 그분께 돌아 갈 수 있다. 오늘 하나님의 은총이 다시 한번 당신에게 넘치게 될 것이다. 당신의 과거를 버리고 지금, 하나님을 향한 **'회개'** 와 다시 **'접붙임'** 을 간구하라.

오라 우리가 여호와께로 돌아가자 여호와께서 우리를 찢으셨으나 도로 낫게 하실 것이요 우리를 치셨으나 싸매어 주실 것임이라 (호세아 6:1)

당신이 하나님께 돌아서기만 하면, 그분은 크신 팔로 당신을 기쁘게 맞이할 것이다. 당신이 어떠한 범주에 속한 사람이든지 – 초신자이거나, 하나님에 대한 확신이 없는 자이거나, 하나님께 돌아와야 하거나, 혹은 회개할 사람이든지 간에 – 하나님은 당신에게 이렇게 말씀하신다:

> 내가 은혜(은총) 베풀 때에 너를 듣고 구원의 날에 너를 도왔다 하셨으니 보라 지금은 은혜(은총) 받을 만한 때요 보라 지금은 구원의 날이로다 (고린도후서 6:2)

은총 베풀 때에 당신은 보증된 구원을 약속 받았다. 지금이 당신의 구원의 날이다. 하나님은 당신의 부르짖음을 들으실 것이다.

어떻게 하나님께 요청할 것인가? 일찍이 말했듯이 하나님 나라의 모든 일들은 은총을 체험하는 방식과 동일하게 일어난다. **기대하고, 그것이 당신을 위한 것임을 믿고 고백하라.**

(1) 하나님께서 그 분이 창조한 하나님의 백성들을 구원하실 것을 진심으로 **기대하라.** 하나님의 말씀은 우리에게 이렇게 확증한다.

> 오직 너희를 대하여 오래 참으사 아무도 멸망치 않고 '다' 회개하기에 이르기를 원하시느니라(베드로 후서 3:9)

이 구절에서 '다' (모두) 라는 뜻은 하나님이 회개하기를 원하시는 이 땅에 있는 모든 사람을 일컫는다.

(2) 구원이 당신을 위한 것임을 **믿어라**. 성경은 약속한다.

> 누구든지 주의 이름을 부르는 자는 구원을 얻으리라(로마서 10:13)

여기서 '누구든지'란 당신을 포함하는 것이다. 이제 우리가 당신을 위한 구원을 간구하는 기도를 시작하게 되면 구원의 역사가 일어날 것이다.

(3) 구원을 **고백하라**. 당신의 구원을 입으로 고백하라. 로마서 10장 9절은 이렇게 말씀하신다.

> 네가 만일 네 입으로 예수를 주로 시인하며 또 하나님께서 그를 죽은 자 가운데서 살리신 것을 네 마음에 믿으면 구원을 얻으리니 (로마서 10: 9)

구원을 경험하라 그리고 입술의 고백을 통해 하나님의 은총을 경험하고 진실한 마음으로 다음의 기도를 따라 하라.

> 하나님 제가 예수님의 이름을 의지하여 당신 앞에 왔습니다.
> 예수 그리스도께서 나를 위해 십자가에서 죽으시고 귀중한 피를 흘려 주셔서 나의 죄의 값을 치러 주심을 믿습니다.
> 나의 모든 죄는 용서를 받았습니다.

나는 예수님이 다시 살아 나셨음을 믿습니다.
지금, 나는 주님을 내 삶의 주인으로 모셨습니다.
나는 내 자신을 기쁘게 하는 삶을 더 이상 살지 않겠습니다.
나는 매일 주님을 기쁘게 해 드리는 삶을 살겠습니다.

사탄아, 나를 떠나라!
예수님, 나는 당신의 것입니다.

나의 기도를 들으신 하나님 아버지 감사 드립니다.
당신의 말씀처럼 나의 모든 과거의 죄를 용서하심에 감사 드립니다.
나는 당신의 자녀입니다.
그리고 하나님 나라에 가는 도상 (道上) 에 있습니다.
예수님의 이름으로 기도합니다.
아멘!

　이제, 당신은 하나님의 각별한 사랑을 입은 자가 되었다. 당신은 당신 생애에 가장 위대한 결정을 했고 과거의 사람이 아니다. 당신은 '하나님께 더욱 사랑 받는 자'의 여정을 걷게 될 것이며, 새로운 방식으로 펼쳐지는 하나님의 사랑을 체험하게 될 것이다. 당신은 하나님의 자녀이고 하나님 나라에 가는 도상에 있다.
　구원을 경험하는 것보다 더 중요하고 역사적인 일은 없다. 그러나 구원을 경험하는 단계는 하나님이 당신을 위해 준비해 놓으신 은총의 여정의 시작일 뿐이다.

하나님의 가족의 일원이 되신 것을 진심으로 환영합니다!!

순전한나드 100권 출간 기념 도서안내

No.	도서명	저자	정가
1	강력한 능력전도의 비결	체안	11,000
2	광야에서의 승리 (개정판)	존 비비어	10,000
3	교회를어지럽히는험담의악령을추방하라	프랜시스 프랜지팬	5,000
4	그리스도인의 삶의 비결	진 에드워드	8,000
5	기름부으심	스미스 위글스워스	8,000
6	꿈을 통해 말씀하시는 하나님	헤피만 리플	10,000
7	날마다 하나님께로 더 가까이	존 비비어	13,000
8	내 백성을 자유케 하라	허철	10,000
9	내게 신선한 기름을 부으셨나이다	허철	9,000
10	내면 깊은 곳으로의 여행	진 에드워드	11,000
11	다가온 예언의 혁명	짐골	13,000
12	당신도 예언할 수 있다	스티브 탐슨	12,000
13	당신은 치유받기 원하는가	체안	8,000
14	당신의 기도에 영적 권위가 있습니까?	바바라 윈트로블	9,000
15	더넓게 더깊게	메릴린 앤드레스	13,000
16	동성애 치유될 수 있는가?	프랜시스 맥너트	7,000
17	마지막 시대에 악을 정복하는 법	릭 조이너	9,000
18	무시되어 온 축복의 통로	존 비비어	6,000
19	믿음으로 질병을 치유하라	T.L. 오스본	25,000
20	병고침	스미스 위글스워스	9,000
21	부서트리고 무너트리는 기름 부으심	바바라 J. 요더	8,000
22	부자하나님의 부자 자녀들	T.D 제이크	8,000
23	사도적 사역	릭 조이너	12,000
24	사랑하는 자가 병들었나이다	허철	8,000
25	사사기	잔느귀용	7,000
26	사업을 위한 기름 부으심	에드 실 보소	10,000
27	상한 마음을 치유하는 기도	마크 버클러	15,000
28	성령님을 아는 놀라운 지식	허철	10,000
29	성령의 은사	스미스 위글스워스	10,000
30	세계를 변화시키는 능력	릭 조이너	10,000
31	속사람의 변화 1	존&폴라 샌드포드	11,000
32	속사람의 변화 2	존&폴라 샌드포드	13,000
33	신부의 중보기도	게리윈스	11,000
34	십자가의 왕도	페늘롱	8,000
35	아가서	잔느귀용	11,000
36	악의 속박으로부터의 자유	릭 조이너	9,000
37	어머니의 소명	리사 하텔	12,000
38	영광스런 교회에 보내는 메시지 1	릭 조이너	10,000
39	영광스런 교회에 보내는 메시지 2	릭 조이너	10,000
40	영분별	프랜시스 프랜지팬	3,500
41	영으로 대화하시는 하나님	래리 랜돌프	8,000
42	예수그리스도와의 친밀함	잔느귀용	7,000
43	예수님 마음찾기	페늘롱	8,000
44	예수님을 닮은 삶의 능력	프랜시스 프랜지팬	9,000
45	예수님을 향한 열정 (개정판)	마이크 비클	12,000
46	요한계시록	잔느귀용	11,000
47	우리 혼의 보좌들	폴키스 데이비스	10,000
48	잔느귀용 묵상집 출애굽기	잔느귀용	10,000
49	적의 허를 찌르는 기도들	척 피어스	10,000
50	조지 W. 부시의 믿음	스티븐 멘스필드	11,000
51	주님! 내눈을 열어주소서	게리오츠	8,000
52	주님이 꿈꾸시는 미래교회	밴 피터스	9,000
53	지구상에서 가장 강력한 기도	피터 호로빈	7,500

PURE NARD BOOKS

순전한 나드 웹사이트 회원가입시
15% 할인금액으로 구매할 수 있습니다. www.purenard.co.kr

No.	도서명	저자	정가
54	지금은 싸워야 할 때	프랜시스 프랜지팬	8,000
55	찬양하는 전사들	첵피어스/존딕슨	12,000
56	천국경제의 열쇠	샨볼츠	8,000
57	천국방문	에나 로운튜리	10,000
58	축사사역과 내적치유의 이해가이드	존&마크 샌드포드	18,000
59	하나님과 동행하는 사람들	샨볼츠	8,000
60	하나님과의 연합	잔느귀용	7,000
61	하나님을 연인으로 사랑하는 즐거움	마이크 비클	13,000
62	하나님의 마음에 합한 사람	마이크 비클	13,000
63	하나님의 심정 묵상집	페늘롱	8,500
64	하나님의 아름다움을 바라보는 축복	허철	10,000
65	하나님의 요새	프랜시스 프랜지팬	8,000
66	하나님의 음성을 듣는 방법	마크&패티 버클러	17,000
67	하나님의 장군의 일기	잔 G. 레이크	6,000
68	항상 배가하는 믿음	스미스 위글스워스	10,000
69	항상 부족함이 없으리로다	하이디 베이커	8,000
70	혼동으로부터의 자유	릭 조이너	5,000
71	혼의 묶임을 파쇄하라	빌&수 뱅크스	10,000
72	화 있을진저 외식하는 서기관과 바리새인들	존 비비어	8,000
73	횃불과 검	릭 조이너	8,000
74	모닝스타저널 제1호	릭조이너 외	7,000
75	모닝스타저널 제2호	릭조이너 외	7,000
76	모닝스타저널 제3호 승전가를 울릴지도자들	릭조이너 외	7,000
77	모닝스타저널 제4호 하나님의 능력	릭조이너 외	7,000
78	모닝스타저널 제5호 믿음과 하나님의 영광	릭조이너 외	7,000
79	모닝스타저널 제6호 성숙에 이르는 길	릭조이너 외	7,000
80	모닝스타저널 제7호 마지막때를 위한 나침반	릭조이너 외	7,000
81	모닝스타저널 제8호 회오리 바람	릭조이너 외	8,000
82	모닝스타저널 제9호 하늘위의 선물	릭조이너 외	8,000
83	모닝스타저널 제10호 천상의 언어	릭조이너 외	8,000
84	모닝스타저널 제11호 신의 성품에 참예하는자	릭조이너 외	8,000
85	모닝스타저널 제12호 언약의 사람들	릭조이너 외	8,000
86	모닝스타저널 제13호 열린 하나님의 나라	릭조이너 외	8,000
87	모닝스타저널 제14호 하나님 나라의 능력	릭조이너 외	8,000
88	다가올 전환	래리 랜돌프	9,000
89	하나님으로부터 오는 능력	찰스피니	9,000
90	상한영의 치유 1	존&폴라 샌드포드	17,000
91	상한영의 치유 2	존&폴라 샌드포드	13,000
92	여정의 시작	릭 조이너	13,000
93	마켓플레이스 크리스천 (개정판)	로버트 프레이저	9,000
94	내어드림	페늘롱	7,000
95	교회를 뒤흔드는 악령을 추방하라	프랜시스 프랜지팬	5,000
96	주님, 내 마음을 열어주소서	캐티오츠/로버트 폴 람	9,000
97	성의 치유	데이빗 카일 포스터	13,000
98	거의 완벽한 범죄	프랜시스 맥너트	13,000
99	영적 전투의 세 영역 (개정판)	프랜시스 프랜지팬	10,000
100	두려움을 조장하는 악령을 물리치라	드니스 프랜지팬	5,000
101	당신은 예수님의 재림에 준비가 되어 있습니까?	메릴린 히키	13,000
102	인간의 7가지 갈망하는 마음	마이크 비클	11,000
103	21C 어린이 사역의 재정립	베키 피셔	13,000
104	하나님과 사람에게 더욱 사랑스러운자	듀안 벤더 클럭	10,000
105	그리스도인의 영적 혁명	페트리샤 킹	출간예정
106	교회, 그 연합의 비밀	프랜시스 프랜지팬	출간예정

부흥과 기름부으심의 해!

2007년 순전한 나드 영성 컨퍼런스에 오십시오!

2007년을 새로운 기름부으심과 부흥의 한 해로 주신 하나님께 감사하며, 순전한 나드에서는 영적 갈급함을 가지고 시대를 열정적으로 품고 하나님의 사람으로 성숙하고자 열망하는 여러분들을 초대합니다!

「사업의 기름부으심」

로버트 프레이저 목사
밥 하트리 목사
초청 컨퍼런스

미국 24시간 국제 기도의 집
IHOP- JOSEPH COMPANY DIRECTOR- ROBERT FRASER

PURE NARD conference

문의·등록 02) 574-6702, 018-233-6394
www.purenard.co.kr

등 록 비 | 영성 집회 – 인터넷등록시 5만원 (5인 이상 단체 10% 할인)
          전화등록시 6만원

          CEO 특별 세미나 – 추후공고

입금 계좌 | 국민은행 282401-04-113659 (예금주 : 박지혜)
          입금 순서대로 좌석배치 됩니다 (입금후 전화요망)

SEPTEMBER 9

- 일 시 | 2007년 9월 10일(월) ~ 9월 12일(수)
- 장 소 | 서울 여의도순복음교회 강남성전
- 특별세미나 | 9월 15일(토) CEO 기업 일으키기 기름부으심 세미나
            (국민일보 사옥 – 예정, 등록비 추후공고)
- 주 최 | 순전한나드, 교회성장연구소
- 강 사 | 로버트 프레이저, 밥하트리 목사
- 등록비 | 5만원

로버트 프레이저, 밥 하트리는 IHOP의 마이크 비클 목사와 함께 일터,직장에서
요셉과 같은 비전을 가진 CEO와 직장인 크리스천을 일으키고 섬기기 위한 요셉
컴퍼니〈Joseph Company〉사역단체의 설립자이다. 하나님의 경제원리와
성경적인 가르침을 토대로 강연을 인도하며 CEO와 직장인 크리스천,
사업의 중보기도자들을 위해 정기적인 컨퍼런스와 모임을 섬기고 있다.

추천도서 • 마켓플레이스 크리스천 _ 로버트 프레이저 07년 4월 신간
        • 사업을 위한 기름부으심 _ 에드 실보소

하나님과 사람에게
더욱 사랑스러운 자
Unleashing the Force of Favor

지 은 이 | 듀안 벤더 클럭 Duane Vander Klok
옮 긴 이 | 원신애

초판발행 | 2007. 7 .12

펴 낸 이 | 허 철
펴 낸 곳 | 도서출판 순전한 나드
등록번호 | 제 313-2003-00162
주   소 | 서울 서초구 양재동 9-41
도서문의 | 02) 574-6702 / 010-6214-9129
F A X | 02) 574-9704
홈페이지 | www.purenard.co.kr
디 자 인 | 이길웅
인 쇄 처 | 고려문화사

ISBN 978-89-91455-81-8